Copyright © 2022 Alessandra Borelli

Todos os direitos reservados pela Autêntica Editora Ltda. Nenhuma parte desta publicação poderá ser reproduzida, seja por meios mecânicos, eletrônicos, seja via cópia xerográfica, sem a autorização prévia da Editora.

EDITORAS RESPONSÁVEIS
Rejane Dias
Cecilia Martins

REVISÃO
Aline Sobreira
Julia Sousa

PREPARAÇÃO DE TEXTO
Andréia Amaral | a_teia
Débora Guterman

CAPA E PROJETO GRÁFICO
Diogo Droschi
(sobre imagem de Prostock-studio/Shutterstock)

COLABORAÇÃO
Carmen Nascimento
Emelyn Zamperlin

DIAGRAMAÇÃO
Guilherme Fagundes

Dados Internacionais de Catalogação na Publicação (CIP)
(Câmara Brasileira do Livro, SP, Brasil)

Borelli, Alessandra
  Crianças e adolescentes no mundo digital : orientações essenciais para o uso seguro e consciente das novas tecnologias / Alessandra Borelli. -- 1. ed. -- Belo Horizonte, MG : Autêntica Editora, 2022.

  Bibliografia.
  ISBN 978-65-5928-183-1

  1. Crianças e adolescentes 2. Direito à privacidade 3. Educação 4. Internet (Rede de computador) 5. Mídias digitais 6. Notícias falsas 7. Parentalidade 8. Psicologia 9. Tecnologia educacional I. Título.

22-113330   CDD-371.33

Índices para catálogo sistemático:
1. Tecnologia educacional : Educação   371.33

Aline Graziele Benitez - Bibliotecária - CRB-1/3129

Belo Horizonte
Rua Carlos Turner, 420
Silveira . 31140-520
Belo Horizonte . MG
Tel.: (55 31) 3465 4500

São Paulo
Av. Paulista, 2.073 . Conjunto Nacional
Horsa I . Sala 309 . Cerqueira César
01311-940 . São Paulo . SP
Tel.: (55 11) 3034 4468

www.grupoautentica.com.br
SAC: atendimentoleitor@grupoautentica.com.br

ALESSANDRA BORELLI

CRIANÇAS E ADOLESCENTES NO MUNDO DIGITAL

Orientações **essenciais** para o **uso seguro** e **consciente** das novas tecnologias

APRESENTAÇÃO
Leo Fraiman

autêntica

Apresentação | p. 7
Leo Fraiman

Prefácio | p. 9

Introdução | p. 13

1 O cérebro, esse incrível desconhecido
E o estilo parental que estimula crianças e adoles-
centes a desenvolverem todo o seu potencial | p. 21

**2 Idade certa para o primeiro celular
e para navegar na web**
E tem que ser um smartphone. Se faz ou
recebe ligação é o que menos importa | p. 37

3 Games
Usando bem, que mal têm? | p. 71

4 Redes e mídias sociais
Um guia de sobrevivência para não
ser abduzido e guiado por elas | p. 93

5 Crimes e ilícitos cibernéticos
Ora vítimas, ora infratores | p. 125

6 Pornografia infantil
O que as novas tecnologias da informação
e comunicação trouxeram de novo? | p. 143

**7 *Bullying, cyberbullying* e o relativo direito
à liberdade de expressão**
Com os poderes de perpetuidade e
disseminação da internet não se brinca | p. 171

8 Deep fake e fake news
Brincando com coisa séria | p. 199

9 Proteção de dados e privacidade
Nada é de graça! Como evitar que os direitos
de crianças e adolescentes sejam violados | p. 215

10 Dicionário da internet
Linguagem e abreviações
que você precisa conhecer | p. 231

11 Bônus às famílias
Digital Family Model: gestão de tempo e
comportamento no uso das novas tecnologias | p. 243

12 Bônus aos professores
Uma análise do comportamento de cada
faixa etária, com sugestões de atividades
para trabalhar a consciência digital | p. 249

13 Pense rápido e segure mais essa...
Para além da educação digital, manter-se
fisicamente ativo é importante para a promoção
da saúde integral de crianças e adolescentes | p. 257

QR Codes | p. 261

Referências | p. 263

Sobre a autora | p. 285

APRESENTAÇÃO

Leo Fraiman*

Cara Alê, mais do que parabéns, lhe digo ao ler esta obra: MUITO OBRIGADO!

"Para-os-bens" é uma expressão que dizemos quando algum feito memorável é alcançado. Desejamos que a pessoa use sua glória para o bem, daí (no meu modo de entender) a ideia dos parabéns. Suas valiosas contribuições já valeriam os sinceros parabéns pela generosidade, pela clareza das suas ideias, pela atitude de compartilhar seus anos de vivências, pesquisas e prática nessa delicada área do uso consciente das tecnologias.

Desta vez você foi além, e por isso merece o nosso obrigado. Esta expressão vem do latim *obligatus*, que significa uma obrigação que sentimos com alguém que nos presenteia com algo importante. Tenho certeza de que seus leitores e leitoras sentirão isso. Um desejo de lhe conhecer, de apertar sua mão, ganhar seu abraço, poder levar você para casa, como os seguidores de pessoas ilustres costumam falar.

Tenho vivido ao seu lado momentos incríveis, nestes mais de dez anos de parceria, nos quais pude perceber o quanto você se importa de verdade com as pessoas, com a formação de filhos e filhas saudáveis, seguros e felizes, e com o fortalecimento de uma parceria entre as escolas e as famílias para que, juntas, possam mesmo fazer a diferença neste mundo tão apressado, tão inconstante e tão digital sobre o qual você tão bem fala.

Em suas palestras sempre aprendi muito, não somente sobre os riscos e problemas do mau uso das tecnologias, como também dicas e recursos práticos para que termos uma relação saudável com elas, já que vieram para ficar e hoje são onipresentes.

Com o amor de uma boa mãe, com a dedicação de uma boa educadora e com a perspicácia de uma boa advogada, você, neste livro, estende um tapete de conhecimentos tecido com um cuidado, uma

---

* Leo Fraiman é psicoterapeuta, palestrante, especialista em Psicologia Escolar e mestre em Psicologia Educacional e do Desenvolvimento Humano pela USP.

elegância e uma objetividade que me tocaram. E me deixaram com aquele gostinho delicioso de quero mais, aquele conforto de ter aprendido coisas importantes e uma alegria de saber quantas vidas serão tocadas com esta leitura.

Você fala aqui sobre a nossa mente e suas armadilhas, oferece dicas práticas e oportunas para pais, mães e profissionais de educação de todos os níveis e segmentos. Sua escolha de temas foi muito feliz, Ale. Gostei de ver você falando sobre os cuidados com a idade certa para navegar pela web, um tema que deixa famílias de cabelo em pé. Você aborda com muita clareza a questão dos games e das mídias sociais hoje tão constantes em nossas vidas.

Fala sobre crimes e atos ilícitos, tema fundamental quando estamos tão expostos a pessoas e organizações maliciosas, em situações nas quais menos esperamos. E você vai além, trazendo à pauta os crimes que nós mesmos ou nossos filhos podem cometer, por simples deslizes ou falta de consciência sobre o que estão (estamos) fazendo.

E tem mais. Você toca na ferida das feridas, que são o *bullying* e o *cyberbullying*, que exponenciam a dor daqueles que neles se envolvem, todos sem exceção, como você bem demonstra. Você nos traz saberes essenciais sobre *deep fake*, as *fake news* e a proteção de dados. Questões tão caras nesses tempos em que nossas vidas parecem ter ficado todas atrás de um vidro cada vez mais fino de vulnerabilidades.

Mais uma vez, parabéns e obrigado! Quero diversos exemplares do livro para presentear meus amigos próximos. Irei divulgar tanto quanto puder, e conte comigo em todos os sentidos para que suas preciosas dicas e lições sejam espraiadas pelo país todo e além.

Mencionei acima sobre um tapete de conhecimentos que você nos estendeu com este livro. Agora sou eu que lhe estendo minhas sinceras homenagens por todo seu esforço. Tenho certeza de que aqueles que lerem este livro passarão por diversas emoções, revisitarão suas crenças e seus valores, e, por fim, se sentirão mais seguros para navegar nestes delicados tempos em que vivemos com a solidez de sua mão amiga e seu bom coração.

Boa leitura a todos e todas!

PREFÁCIO

Quando este livro foi concebido, no início de 2020, não havia o menor sinal de que enfrentaríamos uma pandemia que levaria praticamente um terço da humanidade a ficar isolado dentro de casa. Pelo menos 2,8 bilhões de pessoas viveram sob algum tipo de restrição de deslocamento ou de acesso a serviços em razão do novo coronavírus,[1] o que levou muitas delas ao ambiente digital, como uma fuga ou único recurso possível para cultivar os relacionamentos e manter o trabalho e o estudo em dia. Aos poucos, o mundo está voltando a se conectar pessoalmente, mas a vivência do isolamento e os novos cenários sociais trouxeram mudanças significativas para todos nós, colocando uma luz ainda mais forte sobre o tema da educação e da conscientização digital.

Como moderar o tempo que crianças e adolescentes passam em frente às telas de celulares e computadores quando esses dispositivos se tornaram os principais meios para viabilizar a convivência com amigos e familiares, sem falar nas aulas? De que maneira podemos valorizar a importância das relações pessoais, cara a cara, quando ocorrem situações em que o distanciamento social é necessário por motivos de saúde ou outras razões que fogem ao nosso controle? Como ser exemplo quando também precisamos nos manter conectados e muitas vezes extrapolamos os nossos próprios limites diante dos novos cenários?

De fato, manter as regras da família em relação ao uso das telas e das novas tecnologias tem sido um grande desafio, sobretudo porque não é somente a relação das crianças com tudo isso que precisa ser revista. Porém, quando paramos para refletir, notamos que a saída continua sendo conhecimento e flexibilidade com sabedoria e moderação. Eis o norte que deve nos guiar, tendo

---

[1] POLATO; MACEDO; MODELLI, 2020.

como premissa básica a tríade inegociável da civilidade: valores, saúde e segurança.

Isso vale para todos – e ao nos lembrarmos disso, começa a ficar mais fácil a condução dos nossos pequenos pelos caminhos digitais. Afinal, não há combinado justo que renuncie aos valores da nossa família, à segurança e à saúde dos nossos filhos – e nem à nossa. Quer ver só uma atitude que pode nos trazer vários *insights* importantes e nos mostrar se estamos, de fato, desfrutando das novas tecnologias com bom senso e responsabilidade? Vocês já conversaram em casa sobre como as mudanças recentes afetaram o seu trabalho e os seus relacionamentos? Sim, porque ao compartilharmos como nos sentimos e estamos sendo afetados diante desse "novo mundo" mostramos a eles que também não sabemos tudo, mas estamos juntos para encontrarmos caminhos seguros, éticos e que tragam felicidade e tranquilidade para toda a família.

Nessa linha, é fundamental ter conhecimento sobre o conteúdo a que assistem, o que acessam e com quem interagem na internet – temas que vamos abordar ao longo dos próximos capítulos. Também é preciso reconhecer a importância das chamadas Novas Tecnologias da Informação e Comunicação (NTICs) e usá-las como apoio no processo de educação dos nossos filhos. Precisamos ter em mente que as lições que nossas crianças precisam aprender para viver neste mundo tão dinâmico e cheio de desafios vão muito além das pedagógicas. Afinal, o grande aprendizado para o futuro é a capacidade de enfrentar situações com as quais não estamos acostumados a lidar, e que por isso nos causam certa angústia ou incômodo; a habilidade de reagir a circunstâncias inusitadas, porque pessoas que só reagem ao que é previsível podem ser substituídas por robôs e algoritmos.[2]

Sobre a liberdade, como diria Paulo Freire, ela é uma conquista e não uma doação. "Ninguém liberta ninguém, ninguém

---

[2] KARNAL, 2020.

se liberta sozinho, as pessoas se libertam em comunhão."[3] Assim, trata-se de uma construção em família, aos poucos, respeitando cada fase de desenvolvimento (*veja mais a respeito no Capítulo 1*) e todos os limites que a liberdade em sociedade requer (*veja, por exemplo, o que abordamos no Capítulo 7*). Pais, escolas e comunidade precisam estar juntos, construindo mecanismos dia a dia, para que crianças e adolescentes possam identificar, trilhar e explorar um caminho seguro, ético e responsável.

Desta maneira, se seus filhos estão começando a navegar pelo mundo digital, é uma oportunidade para mostrar o quão incríveis e úteis podem ser as novas tecnologias e como elas mudaram ao longo da história. Resgate suas memórias para ilustrar como era. Escute ativamente quando eles contam como é. Nessa construção, busque mostrar que as tecnologias vão muito além dos desenhos animados e videogames e que eles nasceram em uma época e um local privilegiados pela conectividade, que permite uma troca constante de ideias, arte, sentimento, estudo, informação, diversão... E que isso tem seu lado positivo e negativo; seus riscos e oportunidades. Mas... não é assim mesmo com tudo na vida?

Então, vamos exercitar juntos: quem sabe seu filho queira ser reconhecido por uma determinada habilidade? Será que ele tem noção de que está gerando engajamento e riqueza ao ler e compartilhar um conteúdo? E estará preparado se virar meme, alvo de críticas ou até de *cyberbullying*? Calma. Nada sobre esse tema é uma sentença ou um impeditivo. É um risco. E, do mesmo modo como ensinamos aos nossos filhos a olhar para os dois lados antes que atravessem a rua, podemos lhes ensinar a fazer o mesmo no caminho on-line, para que o percorra em segurança.

Há grupos de mídia conceituados que oferecem uma série de atividades, além de museus, instituições culturais e científicas, sem contar as *lives* de músicos e outros artistas, com conteúdo de qualidade para toda a família, e os fóruns e ações on-line sobre os mais

---

[3] BRASIL, 2015a.

diferentes temas. Você quer ajudar a proteger o meio ambiente, os animais, as crianças, a escola? Quer aprender a tocar violão, jogar xadrez, falar francês, fazer um doce, desenvolver um programa de computador, um jogo, um app? Ou, quem sabe, queira buscar ajuda para as lições de matemática, para a vizinha que estava sendo agredida, para você que anda tendo pensamentos negativos e achando que todo mundo é feliz, menos você. A internet pode ser a porta para novos mundos ou a janela de um quarto escuro. *Voilà!*

Você pode aproveitar os aprendizados gerados pela pandemia para conversar com suas crianças e adolescentes sobre a falta que faz a interação face a face com as pessoas. O isolamento social, que nos obrigou a ficar sozinhos ou limitados ao círculo familiar, pode ser usado como uma lição, sobretudo para as novas gerações, que, com a experiência que vivenciaram, puderam lançar um novo e mais valioso olhar às relações pessoais, aos cheiros, aos abraços e ao contato físico.

Talvez se torne mais fácil determinar qual deve ser o uso e o tempo dedicado por toda a família à internet se houver conscientização acerca disso tudo. E este livro foi pensado justamente para dividir, com todo carinho e respeito, minhas experiências e lições aprendidas como mãe, educadora e advogada especializada em direito digital a fim de auxiliar pais, mães, familiares, professores e outros educadores nessa missão difícil, mas que, certamente, também pode ser gostosa, gratificante e fascinante se vista como uma oportunidade para fortalecer os vínculos, permitindo que as crianças e os adolescentes naveguem, mas saibam onde estão seus cais.

Perceba que os termos "redes sociais" e "mídias sociais" serão adotados nesta obra, propositalmente, como se fossem sinônimos. Enquanto o primeiro representa um canal de relacionamento, o segundo é um canal de veiculação de informações, sendo ambos carentes das mesmas orientações.

INTRODUÇÃO

A internet está tão presente no nosso cotidiano, que, para as novas gerações, é difícil imaginar como seria a vida sem todas as facilidades que ela oferece. Por meio da internet, retomamos o contato com antigos amigos, mantemos vínculo com pessoas que conhecemos em viagens, construímos novas amizades, acessamos notícias relacionadas aos mais diversos temas, realizamos compras, executamos serviços bancários, compramos ingressos para cinema e shows, nos divertimos e nos informamos (por vezes, nos desinformamos). Há coisas incríveis à nossa disposição! No entanto, tão relevante quanto desfrutar das facilidades é conhecer os riscos do maravilhoso mundo digital e saber lidar com eles. Pois, muito embora a preocupação seja natural e compreensível, o excesso de zelo também pode afetar a saúde e a nossa relação com os filhos.

Além de, por vezes, interferir negativamente em nosso olhar sobre as novas tecnologias, a preocupação excessiva pode sinalizar desconfiança e fechar uma porta de comunicação importante entre pais e filhos, instigando as crianças e os jovens a omitirem informações relevantes em relação a muitas coisas, inclusive ao uso da internet. Assim, a ideia é que neste livro possamos conversar sobre as oportunidades, e também sobre os riscos, do mundo digital. Compartilharei experiências e informações sobre esses riscos, não para deixá-lo angustiado, mas porque só conseguimos mitigá-los se e quando os conhecemos. Juntos, traçaremos boas estratégias para ajudar nossos filhos a tirarem o melhor e mais seguro proveito de tudo o que as novas tecnologias da informação e comunicação têm a nos oferecer.

E podemos começar concordando que, conforme dito acima, certas coisas são absolutamente inegociáveis. Se nós, pais, mães, educadores, deixarmos muito claro para nossos filhos e alunos por que segurança, saúde e valores independem de circunstâncias, do momento, do lugar, de com quem estamos falando, estamos, automaticamente, educando-os e conscientizando-os também para o universo digital. Às vezes, temos a impressão que o mundo digital é um mundo paralelo, mas, na verdade, ele é mais um local onde valem as mesmas regras básicas de segurança, saúde e valores – e sentir que nossos filhos entendem isso é o primeiro passo para uma vida digital segura. Porém, temos que ser realistas e lembrar que nem sempre é fácil identificar os riscos, daí a importância de estudarmos e conversarmos a respeito, pois, conhecendo mais, podemos proteger mais.

Muitos pais me procuram sem saber por onde devem começar. Então, sugiro uma rápida reflexão:

1. Você conversa com seus filhos sobre a importância de cuidar da saúde, com uma boa alimentação e dormindo bem? Explica que o correto é ir para cama sem levar o celular e o por que ter o sono interrompido pela luz ou pelas vibrações poderia afetar sua saúde, sua memória, sua concentração e até seu crescimento? Você conversa sobre a importância de sentir o sabor do que ingerem e propõe uma reflexão sobre como isso deixa de acontecer quando nos alimentados na frente da televisão, videogame ou outras telas? Se sim, você está conscientizando-os para que não deixem o mundo digital comprometer a saúde deles.

2. Você explica a eles por que não devem falar com estranhos? Não deixar a porta aberta? Não sair por aí contando sobre os planos de férias da família? Nesse caso, você está conscientizando-os para que usufruam do mundo digital sem comprometer a segurança.

3. E quanto aos valores? O quão seus filhos compreendem a importância valiosa de respeitar o próximo? Não ofender? Não fazer aos outros o que não gostaria que fizessem a eles ou a quem amam? Pronto! Você já está trabalhando a educação e a consciência digital em sua casa.

Não podemos esquecer que esse é um assunto dinâmico, que precisa da nossa atenção e do nosso estudo contínuos, porque tudo pode mudar e evoluir rapidamente na internet. Entretanto, se esses três eixos – segurança, saúde e valores – forem reforçados na sua família, as chances de ver seu filho fazendo um uso ético, seguro e proveitoso da internet são bem maiores.

O objetivo deste livro não é ensinar sobre como proibir, mas conscientizar, porque conscientizar mexe com o coração, transforma de verdade. Não queremos que nossos filhos deixem de ofender os outros porque a lei proíbe ou de interagir com estranhos só porque "mandamos". Não queremos que mudem a configuração de privacidade dos seus perfis nas redes sociais porque essa é uma regra que foi imposta quando ganharam o smartphone e, se eles não obedecerem, perderão o direito de usar o aparelho. Minha intenção é instigar, tanto nos pais, mães e educadores, quanto nos próprios jovens, uma mudança de mentalidade – ou, como mais usado atualmente, uma mudança de mindset. E, para isso, busco oferecer conhecimento e dicas para ajudá-los a fazer a diferença nas escolhas e nos comportamentos dos pupilos que contam com sua orientação para o mundo digital.

Vale dizer que, embora eu me dirija na maior parte das vezes a mães e pais, as orientações aqui apresentadas podem servir de insumo para qualquer pessoa que tenha uma criança ou um adolescente sob seus cuidados, responsabilidade ou influência.

No decorrer deste livro, vou falar, por exemplo, sobre a idade ou o momento certo para o primeiro celular; como ajudar nossos filhos a compreender os riscos de interagir com estranhos no universo digital; sobre a linha tênue que divide a liberdade de expressão e a violação do direito alheio; tratarei dos riscos da demasiada exposição na internet; abordarei sobre o conceito, o valor e a abrangência do termo privacidade, sobre os boatos e suas repercussões, a importância de compreender o quão difícil pode ser expressar sentimentos por meio de texto e como o conteúdo pode ser mal interpretado numa rede social ou num grupo de mensagens. Falarei sobre assuntos que são difíceis, mas sobre os quais precisamos falar, como pornografia infantil e *cyberbullying*. Ainda, falarei sobre a peculiar linguagem dos gamers e dos internautas, apresentando um breve dicionário, entre outras tantas situações e questões que norteiam as relações nesses ambientes. Tudo isso levando em consideração os diferentes estágios de desenvolvimento infantil e o estilo de parentalidade mais efetivo para que nossas crianças e nossos adolescentes se desenvolvam e aproveitem a internet e as novas tecnologias de forma saudável, consciente e com segurança.

Naturalmente, conflitos, frustações e decepções fazem parte do desenvolvimento, do crescimento e do amadurecimento. E há diversas situações que não podemos evitar que ocorram com nossos filhos, como ser excluído ou não ser aceito em determinados grupos, receber apelidos ou opiniões ruins, ou compartilhar segredos com quem, depois se percebe, não merecia. Como os filhos lidarão dependerá de uma série de fatores, inclusive seu comportamento, sua personalidade, seus conflitos e suas questões íntimas, cabendo a nós mostrar a eles que estamos perto e disponíveis para acolhê-los e ajudá-los sempre que preciso, tendo em mente seu grau de maturidade e discernimento naquele momento.

Assim, quando abordo os temas que mencionei acima, tenho por objetivo compartilhar informações suficientes para reduzir suas preocupações, por um lado, propondo caminhos para mitigar, diminuir os riscos, e, por outro, propondo meios para, se necessário, conduzir nossos filhos diante do que era inevitável e aconteceu.

Gostaria de propor uma parceria, com o desejo de lhe ajudar a encontrar a paz nessa importante missão: a de preparar as novas gerações para um uso ético, seguro, responsável e saudável das novas tecnologias. E, quando falo em parceria, não estou me referindo só a uma parceria a ser estabelecida entre mim e você, mas também entre você e sua família, amigos e conhecidos. Isso é muito importante, porque ensinar o uso das novas tecnologias requer uma mudança também em nós, sobretudo pelo fato de representarmos uma das maiores referências na vida de nossas crianças e adolescentes.

Realmente, gostaria muito que você topasse fazer uma reflexão sobre isso. Porque, se para nossas crianças dizemos que valores são inegociáveis, como é que justificamos o fato de nós, adultos, esquecermo-nos daquilo que ensinamos e do que queremos para nossos filhos? Por exemplo, quando clamamos por tolerância, respeito à opinião alheia, será que temos nos comportado dessa forma nos grupos de mensagens instantâneas dos quais participamos? É indispensável que nosso discurso reflita nossa prática.

Como mencionei lá no início, o universo digital tem como uma de suas enormes riquezas facilitar o acesso à informação e ao conhecimento e promover a interação com outras pessoas. Por isso mesmo, as novas tecnologias não vão retroagir, muito pelo contrário, continuarão avançando – e a passos largos. E, diferentemente de nós, adultos, que não tivemos a oportunidade de aprender a utilizar tudo isso aos poucos, nossas crianças têm. Daí a importância de realmente nos dedicarmos a compreender que o uso das novas tecnologias deve ser norteado por valores éticos e transmitir isso para nossos filhos. Nossa missão, como pais, mães, cuidadores, é formar usuários digitalmente responsáveis. E como fazemos isso? Mantendo-nos informados, atualizados, orientando, conscientizando e sendo exemplo. E quanto mais pudermos compartilhar esses cuidados para um caminho seguro on-line, maior e melhor será a rede de proteção e acolhimento que poderá ajudar não só os nossos filhos, mas também os filhos daqueles que ainda não tiveram a oportunidade de uma conversa como a nossa.

Espero, com muito carinho e entusiasmo, que este livro possa auxiliar você não só a compreender os riscos e as oportunidades do ambiente digital, mas também – e principalmente – a usufruir de forma consciente de todos os benefícios que ele proporciona, mantendo a sua segurança, assim como a do seu bem mais precioso, que são seus filhos.

Foto: Shutterstock/Family Stock

CAPÍTULO 1

O cérebro, esse incrível desconhecido

E o estilo parental que estimula crianças e adolescentes a desenvolverem todo o seu potencial

Vamos falar um pouco sobre o desenvolvimento humano e o funcionamento do cérebro. Você deve estar se perguntando: "Como assim, Alessandra? O que isso tem a ver com o uso da internet e das novas tecnologias da informação e comunicação?".

A resposta é: tudo! Desde que comecei a ler[4] sobre como educar as crianças e os adolescentes de hoje, fiquei bem mais tranquila a respeito de tudo que eu e meu marido temos buscado ensinar a nossos filhos. Ao entender como seu cérebro se desenvolve e as características específicas de cada idade, é mais fácil aceitar que algumas atitudes e comportamentos são típicos da infância e da adolescência. Pois é, as birras e o mau humor que surgem de repente muitas vezes se devem a alterações químicas no cérebro e não significam que os filhos tenham algo contra os pais ou que sejam pessoas ruins.

É por isso que o Estatuto da Criança e do Adolescente (ECA), nossa Constituição Federal, a Convenção da ONU sobre os Direitos das Crianças e dos Adolescentes e outras legislações os reconhecem como seres em situação peculiar de desenvolvimento. Eles ainda não

---

[4] FRAIMAN, 2011; 2017.

têm a maturidade e o discernimento dos adultos, justamente porque seu cérebro está em processo de formação, sendo bombardeado pelos hormônios que comandam o crescimento. O córtex pré-frontal – área do cérebro responsável pela avaliação das causas e consequências, pelo controle dos impulsos, pela perseverança, pela capacidade de distinguir o certo do errado, pelo pensamento crítico, pela antecipação de fatos, pelo aprendizado com a experiência, pela empatia, entre outras questões – ainda não está completamente formado, o que só vai acontecer após os 20 anos de idade.[5] Por isso, precisam ser protegidos e orientados para se tornarem adultos conscientes e saudáveis. Daí a importância de sermos pacientes e persistirmos na educação de nossos filhos, com um olhar atento a todas as esferas de sua vida, inclusive no que diz respeito ao uso das novas tecnologias e à sua presença no universo digital.

É claro que o desenvolvimento humano não se limita ao aspecto biológico. Muitos fatores contribuem para a formação de uma pessoa, como o ambiente em que ela cresceu, suas condições socioeconômicas, os estímulos que recebe, a escola em que estuda, seus relacionamentos, além dos aspectos culturais da sociedade em que está inserida. Mas as informações e recomendações que vou apresentar a seguir podem ajudá-lo a refletir sobre algumas práticas que, certamente, vão favorecer o desenvolvimento saudável de nossas crianças e adolescentes, especialmente no que se refere a sua relação com as novas tecnologias.

As fases do desenvolvimento[6]

- *De 0 a 5 anos*

Uma parte importante da personalidade é definida nessa fase, chamada de primeira infância: da agilidade de pensamento à

---

[5] ANDRADE, 2014.

[6] FONSECA, 2011; FRAIMAN, 2011; 2017; GRABER, 2019.

forma de se relacionar com os outros, incluindo as características emocionais.

Essa é a etapa da vida em que a criança se transforma de um bebê totalmente dependente dos pais em um pequeno ser capaz de ter mobilidade própria e habilidade de se comunicar e de explorar o ambiente em que vive. É quando ela aprende a se perceber como um ser diferente do outro, a falar de si mesma, a fazer escolhas e a se afirmar dizendo não.

A aprendizagem nesse período se dá principalmente por meio da imitação dos pais e dos irmãos mais velhos e do brincar. Aos poucos, ao ter contato com mais pessoas (na escola, por exemplo), a criança aprende a se adaptar às regras de convívio e a novos relacionamentos.

O desenvolvimento da linguagem vai depender muito dos estímulos que a criança receber na família e na escola. Por isso, é importante ler livros infantis para ela, além de manter conversas e estimular que fale. No final dessa fase, a criança passa a ter sentimentos ambivalentes em relação aos pais – ela continua prezando as expectativas deles, mas também começa a fazer as próprias escolhas, construindo sua identidade na direção de seu processo de independência e socialização. Por isso, as proibições muitas vezes causam birras e choro, porque ela percebe que não pode fazer tudo o que quer. Mas a criança deve aprender a respeitar os limites necessários para a sua participação na vida social, como esperar sua vez e respeitar as outras crianças e os adultos.

- *De 6 a 10 anos*

Progressivamente, a criança começa a ser capaz de assumir algumas responsabilidades, tomar decisões e controlar seus impulsos, desde que orientada para isso. Também é nessa fase que desenvolve o autoconceito, o que faz com que possa experimentar sentimentos de culpa e vergonha. Passa a ser capaz de avaliar os outros e a si própria, tornando-se mais competitiva. É quando surgem a vontade de pertencer a um grupo e o temor à rejeição.

No final dessa fase, com o amadurecimento do córtex pré-frontal, dá-se o que os neurocientistas chamam de "abundância neurológica": desenvolvem-se o pensamento crítico, a percepção do que é certo e errado e a noção de justiça. A criança consegue avaliar as relações de causa e efeito, antecipar as consequências dos seus atos e planejar o futuro, bem como entender os valores da família. Apesar de ainda estar muito ligada ao universo infantil, ela começa a argumentar e a expressar suas opiniões. Muitos pais tendem a supervisionar menos os filhos nessa etapa, porque acreditam que eles já sejam capazes de se virar sozinhos. No entanto, ainda é necessária muita supervisão para que realizem plenamente as tarefas e atividades diárias.

Segundo especialistas em neurologia, a primeira infância (período que vai do nascimento até os 6 anos de idade) é um período fundamental para a formação de todos os seres humanos. São as primeiras experiências das crianças – o relacionamento com seus pais e seus primeiros aprendizados – que vão moldar seu desenvolvimento não só físico, como também mental, emocional e social. Por isso é tão importante cuidar dos primeiros anos da vida dos nossos filhos, para que eles possam alcançar todo o seu potencial na vida adulta. Para ilustrar a importância dessa fase, compartilho aqui um vídeo muito interessante da australiana Molly Wright, de 7 anos, uma das mais jovens palestrantes do ciclo de conferências Technology, Entertainment and Design, os conhecidos TED Talks. No vídeo, com um jeitinho lindo e explorando a ciência, Molly explica bem o papel dos pais nesse processo e como uma brincadeira de esconde-esconde pode transformar a infância.

Como toda criança pode florescer aos cinco – Molly Wright

- *De 11 a 13 anos[7]*

Essa é uma importante fase, em que ocorre a transição da infância para a adolescência. Além de desenvolver o pensamento abstrato, a criança, progressivamente, tende a mostrar mais maturidade e independência, tornando-se mais crítica em relação aos adultos, apontando as incoerências que identifica em seu discurso. É comum que apresente um comportamento temperamental, exagerando ou dramatizando suas opiniões e seus sentimentos. Tudo costuma ser muito intenso nesse período, inclusive os conflitos com os pais e outros adultos, assim como a preocupação com a aparência e a opinião dos amigos.

Quanto mais próxima da adolescência, mais a criança tende a se tornar egocêntrica e se sentir invulnerável, pronta para explorar o mundo sozinha, o que pode levar à adoção de comportamentos de risco. Porém, ainda não está totalmente pronta para fazer escolhas consequentes. Por isso, ela precisa de um adulto que seja capaz de estabelecer limites, para mantê-la em segurança ao mesmo tempo que lhe dá alguma liberdade e espaço para exercitar sua independência e autonomia.

---

[7] Não existe um parâmetro único para definir a faixa etária da adolescência. Para a Organização Mundial da Saúde (OMS) e o Ministério da Saúde do Brasil, a adolescência é o período compreendido entre os 10 e os 19 anos de idade. Já o Estatuto da Criança e do Adolescente considera adolescente a pessoa entre 12 e 18 anos de idade.

- *De 14 a 18 anos*[8]

As alterações de humor, a impulsividade e as mudanças de crenças e opiniões costumam se intensificar nessa fase, inclusive com uma maior necessidade de se relacionar e maior valoração do que os outros dizem. Daí o comum fascínio pelas redes sociais, que facilitam essa interação e a validação pelo grupo. Devido às mudanças que acontecem no cérebro nessa fase, o adolescente também tende a abandonar hábitos antigos e a buscar novas sensações e informações. Por isso, é nessa etapa em que mais se aprendem novos conceitos. Por outro lado, são necessários mais estímulos para gerar as mesmas sensações de prazer que tinha na infância, em razão da perda de uma quantidade importante dos receptores de dopamina no cérebro, substância responsável pela sensação de recompensa/satisfação. Assim, ele tende a buscar e repetir tudo o que proporciona prazer. E isso, muitas vezes, pode levar à adoção de comportamentos de risco, já que o prazer imediato tem mais importância do que a recompensa que ele pode ter a longo prazo.

Como todas essas alterações são provocadas pelo cérebro, inclusive as hormonais, favorecendo a oportunidade e a vulnerabilidade, é importante não julgar os adolescentes, mas oferecer os estímulos adequados para que eles se desenvolvam em segurança e satisfaçam sua necessidade de ampliar limites de maneira saudável e construtiva, para si e para os outros.[9] Uma alimentação balanceada e saudável, horas regulares de sono, prática de esportes, atividades artísticas e culturais, emoções e relacionamentos positivos e o incentivo à proatividade estão entre eles.

Os diferentes estilos de parentalidade

Como mencionei antes, são muitos os fatores que contribuem para a formação de uma pessoa. Alguns deles, como o

---

[8] Consideramos o artigo 2 do Estatuto da Criança e do Adolescente (ECA), que estabelece os 18 anos como marco final da adolescência.

[9] SIEGIEL, 2016.

funcionamento do cérebro, não podemos controlar, apenas entender. Mas há um fator sobre o qual temos total responsabilidade: o relacionamento que estabelecemos com nossos filhos. A respeito disso, e com base nos conceitos da psicóloga norte-americana Diana Baumrind, um estudo do Núcleo de Análise do Comportamento da Universidade Federal do Paraná (UFPR) descreveu quatro tipos de pais: negligentes, autoritários, permissivos e participativos.[10] Vamos conhecer um pouco mais sobre eles e o efeito que cada um tem sobre os filhos.

Pais negligentes

São aqueles que oferecem poucas regras e limites, dão pouco afeto e não se envolvem na vida dos filhos. Em geral, dizem não ter muito tempo para educá-los, seja porque trabalham muito para proporcionar a eles o melhor em termos materiais, seja porque têm outras coisas mais importantes a fazer (na opinião deles, claro). Dessa forma, terceirizam a educação dos filhos para familiares, babás, ajudantes do lar e/ou escola, porque acreditam que outros podem exercer esse papel e que, assim, seus filhos crescerão com liberdade.

Porém, nem todo conforto material do mundo pode substituir a atenção e o afeto dos pais. O resultado é que filhos de pais negligentes apresentam baixa autoestima, são estressados, poucos desenvolvem boas habilidades sociais e resiliência, enquanto muitos sofrem de depressão. Afinal, se os próprios pais sentem dificuldade em demonstrar afeto aos seus filhos, é esperado que os filhos não se sintam acolhidos.

E há outro efeito negativo: essas crianças tendem a negligenciar a si mesmas, porque se sentem desvalorizadas. Com isso, é comum que tenham um desempenho escolar ruim, não cuidem de sua saúde e apresentem mau comportamento, porque essas são as formas de

---

[10] WEBER *et al.*, 2004; CAFARDO, 2005; FRAIMAN, 2011.

conseguirem alguma atenção dos pais. Esse costuma ser o perfil da criança e do adolescente que pratica *bullying*, por exemplo. Se ninguém se importa com ele, por que ele deveria se importar com os outros? Triste, mas real.

Pais permissivos

Esses são os "amiguinhos" dos filhos. À primeira vista, seu comportamento é adequado: oferecem poucas regras e limites, dão muito afeto e se envolvem na vida das crianças. Porém, cedem com facilidade aos pedidos e às chantagens dos pupilos, aceitam tudo e minimizam as consequências dos atos inadequados dos filhos, considerando-os "coisa de criança/adolescente". Ou seja, renunciam ao papel de pai ou mãe e toleram/relevam tudo o que fazem. São os pais superprotetores, que não querem que seus filhos passem por frustrações e outros problemas que fazem parte da vida.

Essa é uma postura cômoda, porque evita o estresse, já que acabam as cobranças, as broncas, a necessidade de orientação e a presença dos pais como adultos responsáveis. Todo mundo se diverte muito nessas famílias, mas os filhos acabam ficando sem rumo, porque os pais não têm expectativas em relação a eles, não os orientam nem cobram nada. Os efeitos negativos para os jovens submetidos a esse tipo de parentalidade podem ser sérios: níveis de autoestima e autoeficácia baixos, insegurança, falta de confiança em si próprios e no futuro, porque não foram estimulados a amadurecer e enfrentar os desafios da vida, que, afinal, não é feita só de diversão. Os pais aceitam e resolvem tudo por eles.

Filhos de pais permissivos têm dificuldades em levar a sério a vida escolar, em dizer não às ofertas de drogas e álcool, em se esforçar para conquistar uma vaga numa boa universidade ou um emprego numa empresa conceituada. Eles acabam se tornando alvos fáceis para traficantes e aliciadores e até para namorados e amigos aproveitadores.

Pais autoritários

Os pais autoritários oferecem muitas regras e limites, mas pouco afeto, e não se envolvem na vida dos filhos. São os pais linha-dura, donos da verdade e do poder na família. Os filhos devem obedecer sem discutir, sempre. Pais autoritários acham que sabem tudo e, por isso, não precisam explicar, dialogar ou elogiar os filhos. São daquele tipo que determinam a profissão que os filhos vão seguir e não podem nem ouvir falar em carreiras que não sejam as tradicionais. E acabam usando o dinheiro para ameaçar os filhos: "Se não fizer o que eu quero, não pago sua faculdade". Conhece alguém assim?

Apesar de parecer um estilo de educação que dá proteção e segurança aos filhos, na verdade a firmeza excessiva gera medo, distância e insegurança. Ser firme não significa ser agressivo ou violento, é bom deixar claro. Os filhos de pais autoritários em geral apresentam baixa autoestima e sensação de autoeficácia, relações sociais insatisfatórias e pessimismo. Muitos acabam desenvolvendo depressão. Afinal, não é fácil mesmo se sentir errado, inadequado, com medo e desmotivado o tempo todo, mesmo se esforçando para agradar os pais. Essas crianças e jovens podem até apresentar um bom desempenho escolar, mas porque têm medo de levar bronca e não por terem prazer em aprender, o que leva à perda da motivação no longo prazo.

Como resultado, filhos de pais autoritários tendem a se tornar apáticos, com medo de se aproximar das outras pessoas ou de errar. Alguns se tornam gananciosos ou perfeccionistas, para compensar o medo do fracasso ou conquistar o reconhecimento de seus pais. É comum que vivam com a sensação de não serem tão bons ou tão capazes como os outros dizem ou que nada seja o bastante para eles. Há ainda aqueles que acabam criando o hábito de quebrar regras e ultrapassar limites sem pensar, muitas vezes causando prejuízos para si mesmos, só porque essa é uma forma de desafiar os pais autoritários.

Pais participativos

São aqueles que entendem qual é o seu papel e sua responsabilidade: cuidar, amar e orientar, com integridade e presença efetiva. Participam com interesse de todas as áreas da vida das crianças – pessoal, escolar e, é claro, digital –, enfrentam os problemas, estimulam a colaboração entre todos da família, prestam atenção no que acontece no dia a dia e no que os filhos sentem, compreendem suas necessidades e as atendem, reconhecem e validam suas conquistas. Eles motivam, dão reforço positivo e as devidas orientações.

Quando os filhos questionam os cuidados e as regras da família, os pais participativos escutam e explicam seus motivos sem menosprezar os pupilos, mostrando firmeza na defesa dos valores e princípios familiares. Esses pais entendem – e explicam – que há três coisas na vida que são inegociáveis: os cuidados com a saúde, a educação e a moral. Mesmo diante de birras, chantagens e conflitos, os pais participativos se mantêm firmes, porque sabem que isso é o melhor para todos. Eles praticam o que falam, sendo exemplo e inspiração para os filhos.

O resultado é que os filhos de pais com essa conduta tendem a ter autoestima elevada, boas habilidades sociais e se sentem mais otimistas. Eles aprendem a controlar seus impulsos e desejos e a buscar alternativas sadias e criativas quando se veem diante de obstáculos e adversidades. Ao sentir que seus pais se importam com elas, as crianças aprendem a ter força para escolher uma vida saudável, com respeito a si e aos demais.

O que esses pais fazem é dar apoio aos filhos enquanto favorecem a sua independência. Como aponta o psiquiatra Daniel Siegel, professor da Universidade da Califórnia (EUA) e autor de diversos livros sobre desenvolvimento e educação infantil e juvenil, é com base nesse vínculo seguro com os pais que os adolescentes conseguem passar pelas transformações intensas e os desafios dessa fase da vida, canalizando sua propensão a correr riscos para criar, inovar e beneficiar a si mesmos e aos outros.[11] Se os pais tiverem uma real preocupação em entender que a adolescência é um período de exploração e crescimento, que envolve não só vulnerabilidades, mas também oportunidades, será mais fácil fazer com essa etapa seja aproveitada no sentido de crescer e desenvolver todo o potencial do adolescente, evitando problemas e traumas que podem afetar a vida dele para sempre.

De acordo com um estudo internacional[12] que avaliou o impacto do estilo parental sobre a saúde e o bem-estar dos filhos, acompanhando o desenvolvimento de crianças por até 16 anos, filhos de pais que mesclam afetividade e autoridade se saem melhor que aqueles cujos pais são autoritários (autoridade sem afeto), permissivos (afeto sem autoridade) ou negligentes (sem os dois). Os filhos de pais participativos apresentam melhor expressão das emoções e estão menos sujeitos a obesidade, depressão, ansiedade, tabagismo, transtornos alimentares, uso de drogas e doenças sexualmente transmissíveis. E olha que informação interessante: manter o hábito de pelo menos uma refeição em família por dia faz com que os filhos tenham mais satisfação com a vida e boa autoestima, bem como apresentem menos riscos de depressão, episódios de embriaguez, uso de drogas, gravidez na adolescência, iniciação sexual precoce e doenças sexualmente transmissíveis.

AGORA SENTE AQUI, VAMOS CONVERSAR

É muita coisa pra pensar, não é? O mais importante é ter em mente que uma boa educação digital deve levar em consideração cada fase do desenvolvimento na qual nossos filhos estão e também uma forma participativa de exercer a sua parentalidade. Ser negligente, permissivo ou autoritário só vai deixá-los inseguros e,

---

[11] SIEGEL, 2016.

[12] CHEN *et al.*, 2019.

naturalmente, ainda mais vulneráveis, inclusive aos riscos também presentes no universo digital, em vez de fazê-los se beneficiarem de todas as oportunidades que esses avanços tão fantásticos têm a oferecer.

Isso fica ainda mais claro se entendermos que "educação digital" não é saber manusear com destreza computadores, tablets e smartphones ou ser bom em dominar a tecnologia em si. Se a criança (ou o adolescente) receber uma boa educação em casa, de pais participativos, que de fato a compreendem e fazem questão de transmitir valores sólidos, para a vida toda, vai se conscientizar e, assim, comportar-se no mundo digital exatamente da mesma forma. Ou seja, vai usar as novas tecnologias da informação e comunicação para aprender coisas úteis, compartilhar notícias relevantes e de fontes confiáveis, além de realizar outras coisas boas que essas ferramentas possibilitam, mesmo quando os pais não estiverem por perto, porque incorporaram os valores da família e sabem quais são as atitudes corretas a tomar diante de situações desafiadoras ou desconfortáveis.

Os valores funcionam como uma bússola interior. São eles que nos aproximam ou afastam das pessoas, experiências e atitudes segundo o que consideramos importante para nós. Por exemplo, o que nos impede de xingar outra pessoa é o valor do respeito; da mesma forma, o que nos motiva a agradecer por algum benefício que recebemos é o valor da educação. Se ignoramos nossos valores, acabamos por sofrer as consequências dessa decisão. ■

As alterações de humor, a impulsividade e as mudanças de crenças e opiniões costumam se intensificar nessa fase, inclusive com uma maior necessidade de se relacionar e maior valoração do que os outros dizem. Daí o comum fascínio pelas redes sociais.

CAPÍTULO 2

Idade certa para o primeiro celular e para navegar na web

E tem que ser um smartphone. Se faz ou recebe ligação é o que menos importa

Você já deve ter se perguntado: dou ou não um celular de presente para meus filhos? Será que agora é o momento certo para isso? Há um momento certo? Onde encontro essa informação? Mas será que eles precisam mesmo de um celular? Hum, será que desejam de verdade um celular ou, simplesmente, querem porque todo mundo tem um?

Todos nós, mães e pais, já nos questionamos sobre diversos aspectos relacionados aos nossos filhos. Nunca achei que educar fosse uma tarefa simples, mas, convenhamos, as novas tecnologias colocaram uma "pitada" a mais nessa jornada. Tenho certeza de que, assim como eu, você que está lendo este livro já se viu diante da dúvida de estar fazendo a coisa certa. Será que a minha mãe ou o meu pai estariam fazendo a mesma coisa? Será que isso vai fazer bem para meus filhos?

A boa notícia é que você não é a única mãe ou pai com todas essas dúvidas e inseguranças. Também não é o único pai ou mãe que se tortura quando percebe que se antecipou ou que tomou uma decisão errada. Nos culpamos muitas vezes por não repreendermos nossos filhos quando deveríamos ou por repreendê-los no momento errado. O nome disso é amor, é o desejo de fazer dar certo e de fazer o certo. Portanto, só o fato de você estar lendo este livro significa que já está num bom caminho.

Diversas pesquisas[13] mostram que, especificamente no caso das mães, a sensação de angústia é ainda maior no que diz respeito às decisões relacionadas aos filhos. Isso acontece porque a mulher moderna vem ocupando mais espaço no mercado de trabalho, precisando equilibrar sua vida pessoal, profissional e familiar, com pesos, desafios[14] e pressões culturais por vezes extremamente complexas e estressantes.

Enquanto a sociedade caminha para buscar um equilíbrio, muitas famílias estão se reinventando dia a dia, buscando melhorar a qualidade de vida dos seus membros. E adivinhe quem é sua aliada? A tecnologia.[15]

A revista *PEGN*[16] e o site UOL[17] publicaram algumas histórias que mostram como a pandemia, a maternidade, a dificuldade para se manter no mercado de trabalho ou a combinação disso tudo impulsionaram mães a empreenderem – e destacamos como a tecnologia foi importante (ou talvez crucial) nesses processos: para uma, foi fundamental para um e-commerce; para outra, permitiu que ela ficasse pertinho, ainda que on-line, dos filhos; em outros casos, a tecnologia é o suporte para aulas on-line; em outro, é aliada para acelerar startups capitaneadas por mães. Isso tudo sem contar o home office, que, por exemplo, possibilitou que as mamães grávidas pudessem trabalhar em casa durante a pandemia, conforme determinou a Lei n.º 14.451/2021.

Essas histórias nos mostram como a tecnologia já é fundamental para a realidade de inúmeras famílias e nos fazem refletir sobre como será quando nossos pequenos estiverem à frente de suas famílias. Será que suas reuniões serão todas no metaverso?

---

[13] PARRA; CHAGAS; CAMARGO, 2012; TIRED..., 2014.

[14] SOUZA, 2020b.

[15] MULHERES..., 2016.

[16] GRATÃO, 2021.

[17] MÃES..., 2022.

Será que acharão estranho dirigir por cerca de duas horas por dia só para ir e voltar ao trabalho? Será que perguntarão "sério que vocês não tinham um robô?".

Uma coisa é fato: somos a última geração a viver essa fase de transição do mundo analógico para o digital. Não dá nem para perguntar como era na "nossa época". Diferentemente de outros temas, não podemos sondar: "Pai, mãe, que idade eu tinha quando você me deu meu primeiro celular? O que você fazia quando eu ficava muito tempo nas telas ou navegando na internet?". Assim, diante das inúmeras possibilidades que a tecnologia proporciona e do exemplo que somos em casa, não é bobagem a necessidade de refletirmos sobre o momento "certo" para o primeiro celular dos nossos filhos. Afinal, não são apenas riscos, mas também experiências que deixarão de desfrutar enquanto dedicados às telas.

A idade certa

Uma pergunta fundamental que sugiro que façam a si mesmos diante do dilema sobre dar ou não o primeiro celular a seus filhos é: "Meus filhos precisam mesmo de um smartphone?". Se a resposta for "Ah, eles precisam de smartphone porque gostam de ouvir música", então eles não precisam de um smartphone; um iPod ou um tablet seria o suficiente. Se for "Ah, eles precisam de um smartphone para acordá-los de manhã", é fato que também não há necessidade de terem um smartphone; um despertador resolve. Se "eles precisam de um smartphone porque gostam de tirar foto", é caso para uma câmera fotográfica. "Um smartphone ajudaria muito a nossa comunicação durante o trajeto para os compromissos que eles têm após a aula", hum, agora fez sentido.

É preciso realmente avaliar se há uma necessidade propriamente dita ou se é apenas a vontade natural de os pais suprirem as carências e os desejos dos filhos. Muitos pais acabam recorrendo a um processo de compensação quando trabalham muitas horas longe de casa ou viajam bastante por motivos profissionais. Isso faz com que se sintam na obrigação de compensar com agrados materiais todo o tempo que não estiveram juntos.[18] "O quê? Nada a ver! Com certeza, não é meu caso." Relaxe, essa reação é normal e é o tipo de coisa que você não precisa responder ou admitir para alguém, mas tão somente refletir a respeito e ver se faz ou não sentido para você.

A criança pode ter o seu próprio smartphone quando, verdadeiramente, o aparelho passa a ser necessário para uma finalidade efetivamente útil. Ter um smartphone só para entretenimento pode gerar uma falsa interpretação de que aquilo é um brinquedo – e isso é preocupante. Uma ferramenta tão poderosa quanto o smartphone não pode ser encarada somente como algo para entretenimento, como um brinquedo. Se a criança gosta de joguinhos, de tirar fotos, ela pode fazer isso por meio de outras tecnologias, com todas as configurações de segurança necessárias.

Um celular pode ser considerado útil no momento em que se torna necessário à comunicação entre pais e filhos, quando, por exemplo, a criança ou o adolescente sai da escola e vai diretamente para a aula de inglês ou algum outro compromisso. O uso desse aparelho, ainda, faz sentido não só na escola, mas também em casa para fazer as atividades escolares. Se existe alguma atividade relevante envolvida, algo que realmente mostre o potencial daquela ferramenta para coisas importantes, além do entretenimento, acredito que esse seja o momento certo. E, também, quando os filhos demonstram já ter mais maturidade para lidar com o aparelho e entender as questões de segurança envolvidas (*veja a sugestão de como avaliar o nível da maturidade dos nossos filhos no final do capítulo*). Sempre lembrando que esse momento certo deve vir acompanhado de uma série de orientações sobre o uso, das quais vamos falar adiante.

O filósofo norte-americano Jordan Shapiro[19] é um dos especialistas que compartilham da visão de que o contato das crianças

---

[18] FRAIMAN, 2011.

[19] Autor do livro *The New Childhood: Raising Kids to Thrive in a Connected World* [A nova infância: criando filhos para prosperar em um mundo conectado, em tradução livre].

com o celular deve se dar ainda na infância. Na verdade, ele é um pouco mais radical, já que defende que as crianças devem ter seu próprio celular entre os 6 e os 8 anos, além de um perfil em redes sociais. Seu argumento é que nessa idade é mais fácil ensinar a elas hábitos digitais saudáveis, uma vez que tendem a admirar e escutar mais os pais, depositando neles sua confiança.[20]

Por outro lado, certa vez, uma mãe me contou, com bastante tranquilidade, que era completamente contra dar celular para uma criança e que nenhuma de suas filhas, uma de 12 e outra de 13 anos, possuía um celular até então e que isso não representava um problema para nenhuma das duas, pelo contrário, sempre alegres, adeptas a vários esportes e bem presentes e participativas em tudo que deviam, podiam e queriam. Veja, cada família tem a sua dinâmica e deve se sentir à vontade e livre para seguir com as próprias convicções. O que não se questiona ou discute é o dever que todos temos, enquanto pais e educadores, de alertar nossas crianças e nossos adolescentes sobre os riscos que também existem no ambiente digital, assim como de orientar e direcioná-los para que, ao navegarem nesse ambiente, o façam de forma consciente, ética, segura e responsável.

Veja só o que me disse uma adolescente sobre essa questão da confiança. Ela me contou que sempre achou muito importante ter muitos seguidores nas redes sociais (ela já tinha 10 mil quando tivemos essa conversa). Então, mantinha todos os seus perfis como públicos. Só que, "de uns tempos para cá", começou a ser ofendida e ameaçada por algumas pessoas, o

---

[20] ALFANO, 2020.

> que a deixou bastante insegura, mas tinha medo de contar isso para os pais e eles ficarem bravos com ela. E me perguntou o que deveria fazer. Por casos como esse, reforço que é muito importante estabelecer um canal de comunicação acessível e uma relação de confiança com os filhos, para que não se sintam inseguros para compartilhar problemas e dificuldades com os pais.

Assim, presentear os filhos com um smartphone deve ser algo feito num momento em que já demostrem ter um pouco mais de autonomia e senso de responsabilidade. Mas, de novo, isso não significa que devamos negar o acesso deles à tecnologia. Muito pelo contrário, precisamos prepará-los antes disso. O cenário ideal é aquele em que os preparamos antes de receberem seu próprio dispositivo. No final das contas, dar o celular é uma questão de confiança e autonomia, por isso deve estar associado não só à idade apropriada, mas também a uma condição de comportamento para assumir essa responsabilidade. A respeito desse momento, compartilho um artigo no qual proponho algumas reflexões:

Qual a idade certa para o primeiro celular?

Crianças e tecnologia, uma relação delicada

Existe um consenso hoje de que a relação das novas gerações com a tecnologia é algo absolutamente natural. Se você entregar para uma criança um álbum com fotos impressas, ela vai passar o dedinho para ver se as imagens mudam. Mas há um paradoxo muito grande entre a habilidade que crianças têm para usar e manusear os dispositivos informáticos e sua capacidade de compreender o poder daquilo. Eu ouço muitos pais e mães falarem: "Que gracinha, ele tem dedinhos tão rapidinhos. Você precisa ver como ele é ágil, tão pititico e tão inteligente". "Não tem nem 1 ano e já consegue encontrar o aplicativo, o filme, o desenho de que gosta, consegue escolher a música, até *selfie* consegue fazer, gravar vídeo." Vamos deixar claro: não estamos falando de crianças com superpoderes, mas de uma geração que chega ao mundo digital antes mesmo de entrar no "real", e, sem querer diminuir a delicadeza e o fascínio que há em praticamente tudo que os bebês fazem, a verdade é que estão apenas reproduzindo o que veem repetidamente em todos os lugares: pessoas manipulando freneticamente seus dispositivos com seus dedos de um lado para o outro.

Não estamos diante de prodígios, mas simplesmente de crianças que nasceram em uma geração diferente da nossa. Eu sempre digo: criança vê, criança faz. Na verdade, desde que nascem até aproximadamente os 13 anos de idade, as crianças aprendem por imitação e influência, segundo apontam diferentes estudiosos do desenvolvimento infantil.[21] Por isso, volto a dizer que a educação digital é apenas uma parte da educação como um todo.

A criança aprende tentando imitar e explorar, por tentativa e erro. Ela vê ou descobre que, quando põe o dedinho no celular, aquilo se mexe – e isso acaba se tornando algo intuitivo. Ela pode ficar horas fazendo isso, assim como pode passar horas brincando com um brinquedinho "comum". Vai tentando, errando e encontrando a maneira de se divertir e se entreter com aquilo. E o mais incrível é que quanto mais ela receber estímulos, mais poderá criar novas conexões neurais e novos aprendizados. Porém, ao contrário do que podemos pensar em um primeiro momento, os estímulos

---

[21] MATWIJSZYN, 2003; LANDRY, 2008.

que o celular proporciona, especialmente na primeira infância (até os 6 anos, lembra?), são bastante limitados.

Por isso, lamento quando ouço pais dizerem que seu bebê de 1 ano só come assistindo ao desenho da Galinha Pintadinha. Ou que, se não der um smartphone para ela no restaurante, ela não fica quietinha. Nessas horas, eu me pergunto: será que esses pais estão conseguindo mensurar a relação que estão permitindo que suas crianças estabeleçam com a tecnologia? Calma, não estou julgando ninguém. Entendo que esse é o jeito que alguns pais e mães encontram para entreter o bebê enquanto precisam fazer algo mais urgente, como o almoço ou mesmo algum trabalho pontual. Mas não posso deixar de considerar o risco que isso traz. Acompanhe comigo.

Felizmente, meu discurso nunca foi tecnofóbico e, como você, sigo tentando acompanhar e vencer os novos desafios que os incríveis avanços tecnológicos trouxeram para nós, mães e pais, em relação à educação de nossos filhos. No entanto, na primeira infância, não há necessidade de se ter um smartphone, já que há vários outros recursos a serem explorados. A Sociedade Brasileira de Pediatria (SBP), assim como outras entidades internacionais dedicadas à saúde das crianças e dos adolescentes, tem um posicionamento muito contundente com relação à idade certa e o tempo de uso de telas nessa fase tão importante da vida. Segundo a SBP, deve-se evitar a exposição de crianças menores de 2 anos às telas sem necessidade, mesmo que de forma passiva; já o tempo máximo diário de tela deve ser de uma hora para crianças com idades entre 2 e 5 anos e de duas horas para as de 5 a 10 anos.[22]

Sabemos que nesta especial fase da vida, crianças estão descobrindo sabores, sons, cores, sensações, movimento, conhecendo e explorando seus sentidos. Ocorre que as telas tendem a comprometer o efetivo envolvimento com essas novas experiências e descobertas, uma vez que as cores e o constante movimento deixam a criança em uma espécie de hipnose e vício, e, com o tempo, ela tende a não se

---

[22] EISENSTEIN *et al.*, 2019.

interessar por outras atividades, deixando de viver novas experiências e criar novas conexões. Por isso, quanto maior o tempo de tela e associações (com a alimentação, com o passeio no carro, com a hora de dormir etc.), maiores são os riscos. Não nego que muitas vezes pode parecer muito mais fácil entregar uma tela para a criança do que ter de entretê-la, contar histórias, cantar, fazer aviãozinho ou imaginar o que representa o formato das nuvens em meio a um trânsito caótico. Sim, o celular muitas vezes ajuda, mas, a depender da relação que se estabelece com seu uso, o preço pode ser muito alto lá na frente.

Assim, como orienta Leo Fraiman, precisamos utilizar as situações triviais, do dia a dia, para estimular nossas crianças e ajudá-las a perceber o mundo, desenvolver sua inteligência emocional, comunicação e empatia.

Alerta aos pais – Leo Fraiman

O neurocientista francês Michel Desmurget, diretor de pesquisa do Instituto Nacional de Saúde da França, afirma que os dispositivos digitais estão afetando de forma negativa o desenvolvimento neurológico de crianças e adolescentes. Segundo ele, testes de QI têm mostrado que, pela primeira vez desde que essa medição começou a ser feita, as novas gerações são menos inteligentes que as anteriores, ou seja, os nativos digitais são os primeiros filhos a ter QI inferior ao dos pais.[23]

---

[23] VELASCO, 2020.

Ele, inclusive, contesta o conceito de nativos digitais, ou seja, a ideia de que as crianças dos dias de hoje tenham maior habilidade com as novas tecnologias do que as de gerações anteriores. O que acontece é que elas já nascem vendo os pais com celulares nas mãos. E, conforme vão ficando mais velhas, começam a observar atentamente o que acontece ao seu redor e aprendem a usar as ferramentas que estão à sua disposição – que são concebidas para que qualquer pessoa aprenda a utilizá-las com facilidade.[24]

É o que sempre digo: crianças são como esponjas, e, se você as coloca do lado de um adulto que não desgruda de um smartphone, de um tablet, automaticamente ela vai absorver esse comportamento. Se esse aparelho for deixado nas mãos dela, é natural que passe horas no seu dia agindo da mesma forma como observou o adulto interagindo com o smartphone. Por isso as crianças mexem no celular sem medo. Veja só que curioso: nós, adultos, às vezes pegamos o smartphone e ficamos receosos de apertar um botão e desregular tudo, estragar as configurações. É muito interessante que, se você entrega o smartphone na mão de uma criança, ela vai apertando tudo, vai tentando até dar certo. Ou seja, enquanto o adulto fica desesperado, com medo de apertar algo errado, a curiosidade, a ousadia e a inocência da criança a levam a fazer descobertas que talvez seus pais nunca consigam fazer.

De fato, muitos pais têm "presenteado" seus filhos com celular sem pensar muito. Pesquisas[25] apontam que há muitas crianças e adolescentes que sequer sabem andar de bicicleta sem rodinhas, nadar e/ou até mesmo amarrar seu tênis sem a ajuda de um adulto, mas, em compensação, sabem mexer no smartphone "como ninguém".

No entanto, não é porque "sabem" usar o aparelho que estão prontos para navegar pela internet. Não é porque uma criança conduz bem uma bicicleta que está pronta para ter uma moto. Não é porque dirige bem um carrinho de controle remoto que está

---

[24] DESMURGET, 2021.

[25] A LOOK..., 2013.

pronta para assumir a direção de um automóvel. Dominar o smartphone para as crianças é superfácil, mas pode ser perigoso, se não forem devidamente instruídas. Elas são espertas, inteligentes, mas são muito vulneráveis a atitudes externas. Não têm discernimento completo, porque são seres em condição peculiar de desenvolvimento e, fisiologicamente, continuam idênticas a todas as crianças de quaisquer gerações, ainda que sejam super-habilidosas. Claro que há algumas variáveis de criança para criança. Muitos pais acreditam que seus filhos sejam diferentes e muito menos ingênuos do que os outros. Podem até ser, mas não podemos subestimar jamais sua vulnerabilidade.

Há outra questão importante no que diz respeito às novas tecnologias: a possibilidade da realização de várias atividades ao mesmo tempo – comportamento conhecido como *media multitasking*.[26] Isso é muito comum entre crianças e jovens com acesso a dispositivos eletrônicos, que jogam, ouvem música, postam nas redes sociais, fazem tarefas escolares, tudo ao mesmo tempo – e, cá entre nós, é comum entre muitos adultos também. Quem nunca enviou uma mensagem no celular enquanto cozinhava ou consultou os e-mails enquanto falava ao telefone ou durante uma reunião?

Embora isso possa parecer uma vantagem trazida pelas novas tecnologias, estudos mostram que o cérebro não é capaz de realizar simultaneamente duas ou mais atividades que exigem atenção e concentração. Para conseguir fazer isso, o cérebro teria de usar a mesma rede de neurônios nas ações, o que, segundo especialistas, é fisiologicamente impossível. Assim, o que ele faz é alternar rapidamente entre uma atividade e outra, o que resulta em respostas automáticas, ações impulsivas e processamento de informações sem profundidade e senso crítico. As consequências disso são dificuldade de concentração, desinformação e vulnerabilidade diante dos riscos da internet.[27]

---

[26] BROILO; TISSER, 2021.

[27] BROILO; TISSER, 2021; NEUROCIENTISTA..., 2018; WALLIS, 2010.

É muito importante lembrar que brincar é um direito garantido a toda criança, presente inclusive na Convenção sobre os Direitos da Criança,[28] da ONU, e no Estatuto da Criança e do Adolescente.[29] O brincar tem uma função no desenvolvimento, na convivência. E não deve ser substituído pelo uso de tecnologias ou da internet, mesmo por aplicativos considerados educacionais. Veja, não é somente questionarmos o que a criança está fazendo na internet ou no celular, mas também o que está deixando de fazer enquanto está conectada.[30]

E tem mais: você sabia que nem os grandes gurus da internet deixam que seus filhos tenham acesso irrestrito a telas? Bill Gates, da Microsoft, por exemplo, disse que os celulares nunca foram permitidos em sua casa durante as refeições e que seus filhos só ganharam um aparelho quando completaram 14 anos de idade. Já Steve Jobs, da Apple, proibia os filhos de usar o iPad, um produto da sua própria empresa, e limitava o uso de tecnologia pelas crianças.[31] Se eles tinham essa preocupação em casa, acredito que seja recomendável que nós, que não somos gênios da tecnologia e não conhecemos como eles tudo o que está por trás das novas ferramentas, também pensemos sobre isso em relação aos nossos filhos.

A responsabilidade é nossa (e a orientação, também)!

O fato é que nenhum pai ou mãe entrega um smartphone para uma criança ou um adolescente pensando: "opa, meu filho

---

[28] "Artigo 31 – [...] Os Estados Partes reconhecem o direito da criança ao descanso e ao lazer, ao divertimento e às atividades recreativas próprias da idade, bem como à livre participação na vida cultural e artística" (ONU, 1989, [s.p.]).

[29] "Artigo 16 – O direito à liberdade compreende os seguintes aspectos: [...] IV – brincar, praticar esportes e divertir-se" (BRASIL, 1990, [s.p.]).

[30] RICH, 2020.

[31] GUIMÓN, 2019.

vai ser vítima ou infrator de um crime digital" ou "minha filha vai ficar vulnerável a aliciadores sexuais". Não há dúvida de que todas as decisões de um pai e de uma mãe em relação aos seus filhos são sempre tomadas sob a perspectiva de estar fazendo a coisa certa. No entanto, entregar uma ferramenta a uma criança que abre um canal de comunicação com o mundo e confere acesso a qualquer tipo de conteúdo requer atenção particular, sobretudo porque, não somente do ponto de vista moral e afetivo, mas também legalmente, aos pais cumpre o dever de criar e dirigir a educação de seus filhos menores, assim como responder pela reparação civil de prejuízos causados por eles a terceiros.[32]

QUADRO 1 | **Falando sobre leis com as crianças**

— Sim, meu pequeno nativo digital, se você quer um celular (e sei que se faz ou não ligações é o que menos importa, tem que ser um smartphone), vamos precisar conversar sobre leis.

— Leis?

— Sim, vamos falar sobre responsabilidade, não interagir com estranhos, não ofender, não compartilhar mentiras e muito mais. Smartphone vai muito além de entretenimento.

— Entrete o quê, mãe?

— Repita comigo, meu filho: RES-PON-SA-BI-LI-DA-DE!

Como se preparar

Outra questão fundamental que devemos levar em consideração é que, convenhamos, nenhum filho ou filha se porta 100% de acordo com as instruções que seus pais lhe passam. Mas nem por

---

[32] BRASIL, 2002.

isso deixamos de orientá-los, pelo contrário, seguimos cuidando, ensinando, repetindo, acolhendo, repreendendo, falando de outro jeitinho... Insistência que me lembra que, certa vez, li algo a respeito que me marcou bastante. Aquele mesmo psiquiatra norte-americano que citei acima, Daniel Siegel, explicava, analogicamente, que o cérebro da criança e do adolescente é como um músculo, que precisa ser exercitado para se desenvolver bem e se tornar resistente e mais integrado.[33] E sabe quem é o *personal trainer*? Nós! Isso mesmo, podemos e devemos falar, falar e falar quantas vezes acharmos necessário.

Cansei de ouvir coisas do tipo "puxa, todo mundo pode, menos eu", "você é a mãe mais chata que existe". Quanto essas frases afetam você? Como você as encara? E quanto ao que os outros dizem sobre você? Muitas vezes outras mães, outros pais, vão falar, assim como os amigos dos seus filhos, que a sua criança ou adolescente é o único que não tem um smartphone. Qual é o peso que isso tem na sua vida? E na vida dos seus filhos? Sim, porque vão passar por outros julgamentos ao longo da vida e precisam estar prontos para lidar com isso. E nós também. No fundo, acabamos nos preocupando muito com as nossas inquietações/dúvidas/dilemas e questionando nossa capacidade de educar baseados no que outras pessoas dizem para nós e sobre nós. Mas, de novo, quão importante isso é para você, de verdade?

Há algum tempo li uma reportagem sobre um estudo[34] feito na Inglaterra que apontou que mães chatas criam filhos mais bem-sucedidos. A partir daquele momento, minha vida mudou! Descobri que estou no caminho certo. E olha que não sou a única a pensar assim. Quando compartilhei essa constatação durante uma palestra, foram muitas as mães que começaram a rir e se identificaram. Mas, brincadeiras à parte, o fato é que nossas decisões não podem ser pautadas por aquilo que os outros pensam, pelo menos não em relação aos nossos filhos.

---

[33] SIEGEL; BRYSON, 2015; SIEGEL, 2016.

[34] SER..., 2018.

Como a confiança é algo que vamos construindo juntos e aos poucos com nossos filhos, compartilho aqui algumas sugestões práticas de acordo com cada faixa etária e alguns materiais e ferramentas para ajudar na tarefa de orientar o uso do celular. Lembrando: se você chegar à conclusão de que, mesmo com toda conversa, ainda não é hora de entregar o celular para sua criança, recomendo que, com muita paz no coração e convicção, explique as suas razões e informe que no momento certo ela terá seu dispositivo.

Construindo uma relação de confiança

* *Até os 5 anos*

Nessa fase, podemos conversar com a criança sobre a internet e explorar juntos os dispositivos para mostrar todas as coisas divertidas e educativas que a rede oferece. Mesmo usando tablet, é muito importante instalar um software de controle parental, sempre lembrando que ele é uma ferramenta acessória e que nada substitui o diálogo. A maioria dos dispositivos habilitados para a internet já vêm com esse tipo de software, você só precisa configurar.

E se você se perguntou qual a diferença entre permitir o uso de um smartphone e de um tablet, vamos lá: para começar, há modelos de tablets infantis que são voltados para esse público e possuem recursos limitados, com controle de segurança de fácil uso para os pais. Eles tendem a ser lúdicos e focados em games. Porém, mesmo esses modelos costumam permitir o acesso à internet, assim como ao Google Play e à Apple Store. Com isso, os riscos aumentam de forma significativa e quase se igualam ao do smartphone. Mas aí temos duas vantagens dos tablets: a primeira é o seu tamanho (eles são bem maiores que um celular e, por isso, dificilmente passam despercebidos ou ficam com a criança o tempo todo) e a segunda é a ergonomia do aparelho (que não é muito confortável para trocar mensagens e escrever de forma ágil).

De todo modo, usando smartphone ou tablet, é importante ensinar, desde cedo, a colocar uma senha e explicar que ela não deve ser compartilhada com ninguém, a não ser com os pais. Isso pode ser ativado no próprio Google e em outros tipos de ferramentas que possam ser acessadas por crianças. Ainda assim, é importante que os pais ou outros responsáveis olhem o histórico de navegação e conversem com os menores sobre o que acessam e com quem conversam, especialmente considerando que todas essas ferramentas tecnológicas para controle e limitação de acesso são passíveis de falhas – isso sem contar que, dependendo do nível de "curiosidade" do filho, ou até das instruções que pode receber de alguém malicioso, ele pode descobrir as configurações e, eventualmente, alterá-las. Por isso, nada como uma boa e velha conversa, olhando nos olhos.

Além disso, o uso de dispositivos deve sempre ocorrer em uma área comum da casa da família, nunca no quarto, de forma isolada. Tem de ser um lugar onde você possa ouvir e acompanhar o uso. O acesso também precisa ser gerenciado, e é muito importante escolher jogos on-line seguros. Procure jogos divertidos e educativos, que tenham alguma finalidade, que ensine cores, alfabeto, uma outra língua, que instigue a conhecer e terminar uma história, completar frases etc.[35]

E, lógico, desde sempre procure definir limites. Nunca é cedo demais para começar a fazer isso. É muito importante determinar quanto tempo a criança pode gastar nas telas, seguindo as recomendações da Sociedade Brasileira de Pediatria em relação a isso.[36]

• *De 6 a 10 anos*

Nesse momento, continua sendo essencial estabelecer os limites e combinados do que pode e não pode fazer on-line, onde pode usar a internet, quanto tempo gastar para isso, o que pode visitar.

---

[35] Na cartilha *O que as famílias precisam saber sobre games? Um guia para cuidadores de crianças e adolescentes* (2020), organizada pela psicóloga Ivelise Fortim, você encontra várias sugestões de jogos educativos indicados para cada faixa etária. Veja mais detalhes no Capítulo 3 deste livro.

[36] EISENSTEIN *et al.*, 2020.

Minha sugestão é que esses combinados sejam feitos a quatro mãos (*veja no final deste capítulo o contratinho que fiz com meus filhos – mãe advogada não podia ter feito diferente, não é mesmo?*).

Explorarmos juntos o universo on-line é a melhor maneira de sabermos o que nossos filhos fazem neste ambiente e o que, ali, os encanta tanto. E sem autoritarismo nessa hora. A intenção aqui é estar perto mesmo, ou seja, "deixa eu ver do que você gosta". Tente jogar junto e entender o que os atrai e o porquê dessa atração. "Ah, Alê, não tenho paciência." "É muito difícil, não tenho habilidade com o controle." "São muitas regras, eu só morro nesses joguinhos." Eu sei e nossos filhos também: aprender pode ser um processo complicado. Mas que tal tentar? E até utilizar esse momento para mostrar a diferença entre gerações e a facilidade que eles podem ter para o novo. Esse pode ser um momento para exercitar o pensamento crítico e buscar trazer do virtual para o real algumas brincadeiras e jogos. Por exemplo, a criança pode ter descoberto um jogo de dama virtual e não saber que existe o jogo físico, com peças palpáveis. E você pode mostrar para ela a versão no off-line.

Os softwares de controle parental continuam sendo muito importantes. É possível criar uma conta de usuário para a criança no dispositivo principal que ela usa, colocando senha nas outras contas da casa para garantir que estejam protegidas e as crianças menores não possam acessá-las por acidente. Também é possível instalar softwares de controle parental na sua banda larga doméstica e nos dispositivos de toda a família. Mas, não me canso de frisar, nada deve substituir o diálogo, notadamente porque você pode ter esse software instalado nos dispositivos da sua família, mas nem sempre vai poder contar com isso quando a criança estiver na casa do amigo, dos avós, dos tios, no clube etc.

Outra dica é colocar o telefone no modo avião quando nossos filhos o estiverem usando, para evitar que façam compras não aprovadas e interajam com alguém on-line sem o seu conhecimento. Com relação às compras, você pode estabelecer uma configuração para que, ao adquirir qualquer coisa, seja necessário ter a autorização de um usuário máster para efetivar a operação. Aqui em casa, por exemplo, quando meus filhos desejam baixar um aplicativo ou comprar qualquer coisa, automaticamente recebemos uma notificação e precisamos (eu ou meu marido) aprovar a compra para que o processo seja concluído.

A questão do modo avião é importante também para evitar ser surpreendido por situações como a que passou a mãe de uma criança de 6 anos. Ela deixou o filho brincar com o smartphone enquanto tomava banho. Porém, esqueceu-se de colocar o aparelho no modo avião. O que aconteceu? A criança apertou o botão de *live* numa das redes sociais da mãe e transmitiu na internet imagens dela embaixo do chuveiro. Será que essa experiência lhe convenceu sobre observar essa questão?

Como sempre, o uso deve acontecer em uma área comum da casa, nada de ficar fechado no quarto. Se sua criança tem irmãos mais velhos, é importante também conversar com eles para saber o que estão fazendo on-line e ver se compartilham isso com os mais novos. De fato, essa é uma boa oportunidade para encorajar os irmãos a serem responsáveis e a ajudarem a manter os mais novos seguros.

Também podemos usar mecanismos de busca seguros. Para economizar tempo, adicione aos favoritos deles uma lista de sites para crianças, verificando, antes de tudo, se é adequado e útil aos pequenos. É importante sempre respeitar a classificação indicativa para jogos, aplicativos, filmes e redes sociais. Para a maioria dos sites, aplicativos e redes sociais, 13 anos é a idade mínima estabelecida.

Procure fazer com que as regras da sua família sejam respeitadas, inclusive por amigos dos seus filhos quando estiverem em sua casa. Sabe por quê? Em uma ocasião, fui consultada sobre uma situação bastante inusitada: uma criança convidou os amigos para dormirem em sua casa. No dia seguinte, a mãe, ainda de pijaminha (bem curtinho e à vontade), foi preparar o café da manhã das crianças, e um dos meninos, de 9 anos, a filmou sem que ela percebesse. Esse conteúdo foi parar nos grupos de WhatsApp dos pais da escola que as crianças frequentavam. Talvez esse menino não tenha tido noção do poder de alcance que aquele ato teria, mas o fato é que essa situação foi bastante constrangedora para a mãe filmada.

Outro caso foi o de uma menina de 10 anos que estava com algumas amigas em casa. Elas estavam no quarto, brincando de experimentar as roupas umas das outras, o que é uma coisa comum entre as meninas. Só que uma delas fotografou duas amigas se trocando, de calcinha e sutiã, e, de brincadeira, compartilhou a imagem num grupo de amigas. A foto acabou viralizando na escola, trazendo muito transtorno para as famílias dessas crianças.

Essas situações poderiam ter sido evitadas com muita conversa e explicação sobre as consequências do mau uso do celular. Assim, diante dessas experiências, sinta-se à vontade para, inclusive, a depender da idade das crianças, criar uma caixinha onde todos devam deixar o celular quando estiverem na sua casa, até para que possam aproveitar melhor os momentos juntos – lembrando, nesses casos, de compartilhar com os respectivos pais essa proposta e o contato da sua casa, para que não fiquem preocupados diante de eventual chamada não atendida ou mensagem não respondida.

- *De 11 a 13 anos*

Essa é a faixa etária em que, geralmente, começamos a falar sobre dar o primeiro celular – embora o pedido, não raramente, chegue muito antes. Além da verificação de segurança na internet, é recomendável ter discussões livres e francas com nossos filhos. Procure incentivá-los a conversar com você sobre o que usam, acessam e gostam.

Construímos essa relação de confiança até, aproximadamente, 11, 12 anos, mostrando como se usa a internet, e depois o esperado é que conversem conosco numa boa sobre o que fazem, com quem conversam e do que gostam. Se isso não ocorrer na primeira oportunidade, não desista. Procure alternativas para iniciar essa conversa, como um jogo de verdade ou ação, um filme que toca no assunto, uma pesquisa ou alguma notícia diferente sobre o tema. Coloque esse assunto na pauta da família, de uma forma descontraída, sem autoritarismo, para entender, se aproximar e conversar. Se eles não derem atenção, é hora de colocar a criatividade em jogo. Espalhe bilhetinhos com dicas de segurança pela casa... a brincadeira poderá quebrar o gelo e permitir uma abertura para que possam conversar. Ou, provavelmente, fará com que seja lembrada diante de algum perigo. Uma estratégia que eu usava bastante para tentar essa aproximação e iniciar uma conversa era dizer: "me mostra como é que faz, eu não sei. Me ensina, vai".

Você deve gerenciar os dispositivos e, de novo, incentivá-los a utilizar as tecnologias em área comum da casa. Recomendo ser firme em relação a isso. Essa é uma forma de acompanhar o uso com segurança. Se somos moral e legalmente responsáveis por eles, não há que se falar "mãe, quero ter privacidade com meu celular", ok?

Quando entregamos um smartphone para nossos filhos, também precisamos ter uma estratégia muito boa para administrar o tempo. Por exemplo, quando viajamos em família e vamos para algum hotel ou passeamos na casa de algum familiar ou amigos no final de semana, os celulares ficam no quarto quando é hora de curtir o sol, a piscina, ou desfrutar do local e do momento. Não é preciso levar o celular para todo lado. Infelizmente, vejo sempre nesses lugares muitos adolescentes na sombra, debaixo de guarda-sol, pálidos, só mexendo com o celular. Ora, para que escolhemos um lugar tão legal para viajar, se os filhos não aproveitam nada?

Mas os pais precisam dar o exemplo, porque, se não largamos o celular, como exigir que nossos filhos o façam? Uma sugestão é que a família procure estabelecer quais são os limites de uso para todos os seus membros e os momentos em que todos devem ficar desconectados. Por exemplo, durante as refeições, antes de dormir e em outras ocasiões de convívio familiar.

Realmente, administrar o tempo de uso é um grande desafio. Porém, precisamos ser muito sérios em relação a isso, pois, como comentei anteriormente, a questão não é só o que os nossos filhos estão fazendo no celular, mas também o que estão deixando de fazer quando estão no aparelho. Por exemplo, deixando de jogar bola, fazer atividade física, tomar sol, caminhar na areia, entrar no mar, conversar com os pais, observar o seu entorno, entre outras coisas que são importantes para o seu desenvolvimento pleno e saudável. E deixando ainda de ter momentos de ócio, que são importantes para dar ao cérebro um descanso do excesso de estímulos trazido pelas novas tecnologias e promover a criatividade e a reflexão – duas habilidades importantes para a vida.[37]

A criança precisa de estímulos para aprender e para se desenvolver, reconhecendo, pouco a pouco, as suas emoções e os impactos de suas ações no mundo físico e nas pessoas ao seu redor. Ela chora para chamar a atenção dos pais e percebe que isso funciona. Depois, ela passa a falar "aga" e percebe que, com isso, lhe ofertam água. Ela se joga no chão quando não quer sair e percebe a reação que isso causa.

[37] HARTMANN, 2017.

As telas não permitem essa dinâmica, porque não há reação para as expressões da criança, como sorrir, acenar ou falar frente àquele conteúdo.

Ely Harasawa, psicóloga e secretária nacional de Atenção à Primeira Infância no Brasil, aponta que, ao perceber que sua reação ao vídeo não causa efeito algum, a criança deixará de reagir.

Isso, somado às cores e aos movimentos feitos para capturar sua atenção, explica a cena já conhecida em nossa sociedade de crianças "vidradas" nas telas, sem reações.

A primeira infância – Ministério da Cidadania

Nessa fase, o software de controle parental, embora seja cada vez menos efetivo, ainda pode ajudar bastante, inclusive para estabelecer um norte para algumas conversas. Posso citar duas situações como exemplo. O primeiro caso é o da mãe que descobriu, graças ao software de controle parental, que a filha vinha desenvolvendo um processo de anorexia. A menina estava emagrecendo, não se alimentava mais direito, e com a ajuda do software foi possível identificar que ela seguia *influencers* que instigavam dietas rigorosas. Outro caso foi o de um adolescente que estava comprando anabolizantes para ficar forte, o que o pai descobriu por meio do software de controle parental. Essas ferramentas acabam dando insumos para conversar com os filhos, mas é sempre bom lembrar que isso deve ser feito de uma forma carinhosa.

A segurança fora de casa também deve ser observada. Seus filhos podem acessar wi-fi público se não tiverem recursos de segurança ativos. Alguns provedores fazem sistemas de wi-fi para toda a família, com filtros para bloquear conteúdo impróprio. É importante estar atento a isso e buscar símbolos de wi-fi amigáveis.

E como um bom acordo sempre vale mais do que uma grande discussão, é importante estabelecer os limites. Pode ser o mesmo contratinho familiar que eu citei antes, incluindo quando e onde seus filhos podem usar o celular e outros pontos (*veja minhas sugestões no final deste capítulo*).

Também é a hora de conversar sobre as redes sociais, falar sobre seus benefícios e riscos. Os pais sempre me perguntam: como eu abordo esse tema, como ter um bate-papo sem fazer um discurso chato, professoral? Bom, o que não falta na internet são insumos para ilustrar e ajudar a direcionar o seu diálogo. Você encontra muitos casos de pessoas que foram processadas por terem ofendido alguém, outros de pessoas que foram vítimas de ofensas, boatos, mentiras e crimes digitais. Aproveite esses exemplos, alguns com vítimas e infratores da mesma idade dos seus filhos, para direcionar o diálogo de uma maneira bem realista.

Uma das principais orientações é a de manter sempre os perfis privados e/ou *posts* com restrições de acesso, se seus filhos tiverem um perfil na rede social. Você deve ensiná-los a fazer isso. E procure respeitar a classificação indicativa. Afinal, existe uma razão para isso. Mentira é mentira. Se eles não têm idade para ter uma rede social, não devem ter. Temos de ser rigorosos em relação a isso. A partir do momento em que fizerem um perfil, eles devem ajustar as configurações de privacidade. Procure ensiná-los a bloquear e a ignorar as pessoas que não conhecem. Busque também abordar sobre os desafios que surgem na rede, inclusive aqueles com roupagem de "brincadeira". Sempre com muito cuidado, mostre o quanto eles são perigosos e que ninguém precisa se machucar ou se colocar em risco para ser aceito, amado e muito menos para viralizar (vamos falar mais a respeito nos próximos capítulos). Você pode solicitar que alguém da sua confiança ou você mesmo siga o perfil para verificar se as conversas e as postagens são apropriadas.

- ## De 14 a 18 anos

Além de mantermos as configurações de segurança dos dispositivos, é importante permanecermos envolvidos com as atividades dos nossos filhos. Sugiro continuar falando sobre o uso correto do celular e mostrar interesse no que eles estão fazendo. Não tenha medo de abordar questões desafiadoras, como *sexting*, *nudes*, pornografia, *cyberbullying* (temas que vamos tratar com mais profundidade nos próximos capítulos). Pode ser embaraçoso, mas vocês se beneficiarão disso. É fundamental manter sempre aberto o canal de diálogo com nossos filhos. Outra coisa que você pode fazer é sugerir para a escola colocar esses assuntos em pauta.

Nas redes sociais, é muito importante continuar dando atenção à configuração de privacidade dos perfis dos nossos filhos. Procure reforçar que só pessoas próximas podem adicioná-los e interagir com eles. Explique sobre o cuidado com as marcações de fotos e o compartilhamento de *posts*. O mesmo vale para o uso de wi-fi público.

Converse bastante com seus adolescentes sobre responsabilidade e atitudes. Uma boa hora para abordar essa questão é quando eles estiverem on-line. É importante que eles saibam que hoje somos definidos por aquilo que postamos, curtimos e compartilhamos. Inclusive, é um bom momento para falar sobre as brincadeiras perigosas, que ainda são um risco nessa faixa etária, lembrando que ninguém precisa comprometer sua segurança e sua saúde para ser legal e que curtir ou compartilhar esse tipo de conteúdo é promover essas ideias e ações.

Ainda, cabe lembrar que essa responsabilidade vale para tudo na internet: dos conteúdos fofinhos àqueles ofensivos. E sobre isso, embora possa ser difícil convencer alguém de que um jovem de 14 ou 15 anos não sabia que estava proferindo uma mensagem preconceituosa ao escrever uma expressão extremamente ofensiva relacionada a uma raça, uma etnia ou uma crença, a verdade é que ainda estão em desenvolvimento e isso significa que, se por um lado já entendem o que é certo e errado, por outro, ainda não possuem o freio necessário para certas atitudes e com prévia reflexão sobre todas as suas consequências, sendo, não raramente, impulsivos.

Costumo dizer aos meus filhos e alunos que pouco adianta investirmos nos seus estudos e eles serem pessoas superfofas presencialmente, mas se comportarem de forma intolerante e grosseira nas redes sociais. Muitas vezes, movidos por esse impulso e desejo de pertencimento, os jovens podem dizer coisas on-line que não diriam cara a cara. Aliás, vemos exemplos de muitos adultos assim na internet todos os dias. Você deve ensiná-los a respeitar a si mesmos e aos outros. Sempre sugiro que façam o seguinte exercício: vocês diriam isso pessoalmente? Se não diriam, não façam no universo on-line. Os valores para a vida digital são os mesmos para a vida real. Ou vocês têm ou não têm.

Também tenho por estratégia perguntar para meninas e meninos sobre suas fotos: você apareceria na escola com essa roupinha, de pijama, sensualizando? Você entraria assim na empresa onde seu pai ou sua mãe trabalha? Eles respondem: não! Pois é, então por que você coloca isso na internet, que é um palco muito maior? Por isso, falar sobre reputação na internet é muito importante. Os adolescentes precisam realmente saber que qualquer coisa que enviam, postam, compartilham e curtem contribui para a construção (positiva ou negativa) de sua reputação. Tanto que há um entendimento pacífico do nosso judiciário no sentido de que aquele que curte, comenta ou compartilha uma ofensa colabora para sua disseminação e, portanto, pode muitas vezes ser responsabilizado pelo simples fato de realizar uma dessas ações.

É importante reforçar que as pessoas só devem fazer coisas on-line que não as deixariam desconfortáveis perante a família, o professor ou um futuro empregador e até mesmo um cliente. Sim, exatamente isso. A questão aqui não é só você. O argumento deve ser: "Não estou falando isso porque eu me incomodo ou porque sou seu pai, mãe ou professor, mas porque você está construindo sua reputação digital". Nosso legado digital fica marcado para sempre, já que conteúdo digital não tem devolução. Quando postamos algo na internet, perdemos o controle sobre aquilo. A moda passa, mas o que colocamos no ambiente digital fica lá para sempre. É muito importante deixar isso claro e fazê-los compreender que devem criar uma pegada digital positiva. E, para isso, é essencial não ceder à pressão dos colegas para enviar comentários e imagens inadequados. Eles precisam saber que a reputação é um de seus bens mais valiosos.

Nesse sentido, vale também reforçar a orientação de que não se deve compartilhar a senha do smartphone com ninguém, nem com o melhor amigo. Infelizmente, isso é muito comum entre as meninas. E, uma vez que você estabeleça regras, sobretudo em relação ao uso das novas tecnologias, é muito importante exemplificar e ilustrar o porquê daquelas regras, para que isso fique claro para seus filhos. No caso da senha, eu sempre uso o seguinte exemplo: você compartilha sua escova de dente com seus amigos? Não? Com a senha é a mesma coisa.

Veja o que aconteceu com uma adolescente que eu conheci, que vou chamar de Ana, para facilitar a compreensão deste caso. Embora Ana fosse muito reservada na vida digital e bastante cuidadosa com as coisas que compartilhava nas redes sociais ou nos grupos de WhatsApp, sem publicar nada sobre sua intimidade, ela contou qual era a senha do seu aparelho para uma amiga. Um dia, ela e outras meninas estavam juntas no vestiário da escola, e essa amiga pegou o celular de Ana para olhar e encontrou na galeria uma foto que Ana tinha tirado de si mesma de calcinha e sutiã, mas que não tinha mostrado para ninguém. Bom, essa amiga tirou uma foto dessa imagem e compartilhou com um menino que gostava de Ana, acreditando que ele não passaria aquela foto adiante. Mas o que ele fez? É lógico que essa foto íntima que Ana não tinha compartilhado com ninguém, só tinha registrado no seu próprio dispositivo, acabou viralizando na escola.

Esse caso tem duas lições importantes. A primeira: não se compartilha a senha com ninguém, porque não sabemos nunca o que outra pessoa pode fazer com nosso celular. A segunda: quando pensamos em gerar algum conteúdo com nosso celular, como uma imagem, mesmo que não compartilhemos esse conteúdo ou a senha com ninguém, temos de considerar que aquele aparelho pode ser perdido, roubado, furtado ou hackeado. E, caindo em mãos erradas, esses conteúdos podem prejudicar nossa reputação.

Avaliando o nível de maturidade das crianças

A ONG norte-americana ConnectSafely, voltada para a educação sobre segurança, privacidade e proteção no uso das novas tecnologias da informação e comunicação, propõe uma série de itens que devem ser avaliados para ajudar a medir o grau de maturidade de uma criança.[38]

Segundo a ONG, uma criança está preparada para ter seu próprio telefone celular se:

1. Entende quanto custa um celular e os gastos para usá-lo e está disposta a cumprir os limites de uso que você estabeleceu.
2. Está preparada para tomar conta do aparelho, ou seja, há poucas chances de que ela o perca ou quebre.

---

[38] A PARENT'S..., 2014.

3. É capaz de gerenciar o próprio tempo e parar de trocar mensagens com amigos, jogar ou navegar nas redes sociais quando tem de fazer a lição de casa ou estudar.

4. Compromete-se a responder suas mensagens e atender suas ligações e entrar em contato com você quando combinado.

5. Está disposta a conversar com você sobre os aplicativos que tem no celular e como os utiliza.

6. Compromete-se a usar o celular com respeito e educação, tendo cuidado com os sentimentos das pessoas ao seu redor ou com as quais interage na rede.

7. Compromete-se a compartilhar sua localização apenas com amigos próximos da vida real e familiares.

8. Está disposta a assumir as consequências se infringir alguma das regras familiares sobre o uso do celular e da internet.

AGORA SENTE AQUI, VAMOS CONVERSAR

Se você já deu um celular para seu filho ou filha de 10 anos, diferentemente do que foi refletido até aqui, não se desespere. Nem vou sugerir que tire o celular dele(a). O mesmo vale se você, por algum motivo, sentiu-se pronto ou pressionado a permitir que seu filho ou filha de 10 anos criasse um perfil nas redes sociais.

Em ambos os casos, você antecipou em alguns anos o que se recomendaria que só acontecesse lá na frente. No caso da criança de até 12, 13 anos, sugiro que estabeleça as regras e os limites já apresentados, cuidando para que ela brinque e se dedique a atividades que são adequadas e necessárias à idade que tem.

Em relação às redes sociais, o que recomendo é: procure sentar-se ao lado da sua filha ou do seu filho, que em tese não deveria estar naquele ambiente, e comece a verificar a lista de amigos. Além de tornar o perfil absolutamente restrito, o ideal é permitir que somente haja contato de familiares e amigos muito próximos, mantendo, ainda assim, muita orientação e contínua supervisão quanto ao conteúdo que compartilha e acessa.

Além disso, como já mencionei, os softwares de controle parental são ferramentas muito úteis para ajudar a verificar e gerenciar a forma como crianças utilizam a internet. Eles podem ser baixados gratuitamente ou adquiridos em lojas especializadas.

Além dos softwares, várias plataformas na internet têm funcionalidades que permitem a criação de contas específicas para crianças, com filtros de conteúdo de acordo com diferentes faixas etárias. *Desktops* e *notebooks* também permitem a criação de contas para crianças, administradas por um adulto, com bloqueios automáticos de acesso a sites com conteúdo adulto e inadequado para determinadas faixas etárias, restrição a e-mails e *chats*, limites de tempo de navegação, monitoramento e registro de todo o histórico de navegação.

Vale a pena você dedicar um tempo aprendendo a usar essas ferramentas para tornar as atividades on-line da sua criança ou do seu adolescente mais seguras e proveitosas – e a vida em família mais tranquila.

O importante é tentar acertar, sempre. Informar-se sobre o tema é um ótimo sinal de que você se preocupa e quer fazer o melhor por seus filhos, o que já constitui um importante mitigador de riscos para o mau uso da tecnologia.

No entanto, quero dizer a você, com toda a franqueza, que será pouco eficiente assistir a inúmeras palestras, cursos ou ler este livro se seu discurso não se refletir em sua prática. Você pode até não dominar as ferramentas digitais, mas não pode dizer para sua criança ou seu adolescente que levar o celular para a mesa, dormir com o celular debaixo do travesseiro ou ofender as pessoas que pensam de forma diferente não são atitudes legais se você as pratica.

O exemplo dado pelos pais é muito importante. Os filhos sempre observam se seus pais ou responsáveis estão fazendo o que dizem. Ou seja, eles certamente vão copiar seu comportamento, porque você é a referência que possuem, e as crianças são muito mais influenciadas pelas atitudes e ações do que pelo discurso.[39]

Tudo o que fazemos é por acreditar que estamos acertando. Meu objetivo aqui é oferecer insumos e compartilhar a minha experiência para que você possa refletir e adequá-los à dinâmica e aos valores da sua família, para tomar a sua própria decisão sobre a melhor idade para que seus filhos tenham o seu próprio celular ou desfrutem do direito de utilizar algum dispositivo da família que possua o acesso à internet.

Entendo que escolhas relacionadas à educação só podem ser exercidas livremente quando as informações fornecidas aos responsáveis são claras e abrangentes. Por isso, não acredito que o caminho esteja na criação de leis que tenham como objetivo punir ou ensinar os pais a educarem seus filhos. Acredito, sim, na transparência e no compromisso por parte de todos – governo, empresas de tecnologia e sociedade como um todo – em disseminar informações que ajudem as famílias a tomarem as melhores decisões em relação ao uso das novas tecnologias e da internet.

MÃO NA MASSA

Primeiro celular e navegando na web

Quando entender que é o momento de dar o primeiro celular ao seu filho, sugiro que combinem, a quatro mãos, as regras que nortearão esse uso.

Compartilho com você os nossos modelos, para que utilize ou adapte à sua realidade e aos seus valores. Veja que é perfeitamente

---

[39] LEIBIG; RAMOS, 2009.

possível ouvir nossas crianças antes de estabelecermos limites ou propormos combinados. Isso não significa acatar tudo, mas proporcionar um momento para conhecer as expectativas, explicar e, às vezes, até flexibilizar.

Contratinho: Mereço ter meu próprio celular porque...

Contratinho: Pronto para navegar na web!

Quando alguém viola alguma regra (e isso acontece muito!), a consequência é ficar sem celular por um tempo – ou seja, confiscar o aparelho, cumprindo com o acordo feito a quatro mãos. E olha que interessante: num primeiro momento, meus filhos ficavam furiosos, falavam "como você é chata". Mas, aos poucos, ficavam mais calmos, e eu podia ver em seus olhos uma grande sensação de alívio, paz e gratidão. Via no olhar deles uma gratidão. Isso acontece porque, sozinhos, as crianças e os adolescentes comumente não conseguem encontrar o equilíbrio no uso, não percebem o momento de parar. Também é nessas horas sem celular que descobrem que trocamos o sofá de casa, que a mãe cortou o cabelo, começam a desengavetar jogos de tabuleiro. E, assim, você percebe que fez bem para seus filhos. ∎

Foto: Freepik

CAPÍTULO 3

Games

Usando bem, que mal têm?

Não é à toa que os games estão presentes no dia a dia das crianças e dos adolescentes de hoje. Como não amar os jogos eletrônicos? É tudo tão diferente, tão legal. Os enredos e seus personagens parecem tão reais, você realmente se sente dentro do jogo. Imagine você, pai, que jogava futebol de botão com seus amigos, deparar-se com um jogo de futebol em que é possível escalar para o seu time os melhores atletas do mundo, como Neymar ou Messi, e até ter uma torcida organizada. Isso é incrível, não é mesmo?

A mesma coisa acontece com jogos como o *Minecraft Earth*, em que é possível construir casas e cidades, bem como reunir recursos naturais para lutar pela sua sobrevivência. Ou ainda o *Pokémon Go*, do qual com certeza você já ouviu falar. Esse game se tornou uma febre nos últimos anos ao permitir que, por meio do celular, os usuários capturem e treinem criaturas virtuais, que aparecem na tela e participam de batalhas como se estivessem presentes no mundo real.[40] Quem entre nós, que crescemos com jogos de tabuleiro, baralho e os primeiros games, bem simples, imaginaria que isso seria possível? Logo, não me espantam os dados de uma pesquisa[41] que

---

[40] Ambos os jogos se baseiam no conceito de realidade aumentada, tecnologia em que o mundo virtual se mistura ao real, possibilitando maior interação entre os jogadores e os elementos que fazem parte dos games (HAUTSCH, 2009).

[41] SIOUX GROUP; BLEND NEWS RESEARCH; GO GAMERS; ESPM, 2021.

li recentemente: dos 72% dos brasileiros que declaram jogar games regularmente, 60,4% estão na faixa entre 25 e 49 anos de idade. Se os adultos gostam tanto de games, é natural que as crianças e os adolescentes também sejam atraídos por eles.

Apesar dessa popularidade, ainda há muita controvérsia a respeito dos efeitos dos games sobre os mais jovens. Nas minhas palestras, muitas mães e pais perguntam se os games afetam mesmo o desenvolvimento da criança e do adolescente. Você também tem essa dúvida? Minha resposta é: procure conhecer o universo dos games para entender o que é mito e o que é verdade em relação aos efeitos que podem ter sobre nossos filhos. Sim, precisamos conhecer esse universo para nos livrar de preconceitos e evitar privar as crianças das oportunidades que os games oferecem. Então, para começar, quero dividir aqui com você algumas das inúmeras coisas que tenho aprendido a respeito desse assunto.

Existem diversas plataformas para games, ou seja, é possível jogar utilizando diferentes tipos de equipamentos. Por exemplo, há jogos que podem ser acessados por aparelhos móveis, como smartphones e tablets, ou por computadores. Outros são jogados por meio de consoles, dispositivos que podem tanto ser acoplados a uma TV/monitor quanto ser do tipo portátil, com monitor embutido.

São variados os modos de jogar – sozinho ou com outros jogadores, no mesmo espaço físico ou on-line, em ambientes virtuais.[42] Em relação à finalidade, existem os jogos de entretenimento, voltados para diversão e lazer, e os chamados jogos sérios, que buscam ensinar algo aos usuários.

O que a ciência diz sobre os *games*?

Diversos estudos indicam que, além de divertidos, os games podem ser bons para aprimorar habilidades motoras, cognitivas, visuais, de concentração e memória, além de serem uma ferramenta

---

[42] FORTIM, 2020.

inovadora para apresentar conteúdo pedagógico às nossas crianças e adolescentes.

Entre os achados, está que os jogos podem estimular o desenvolvimento de habilidades como planejamento estratégico, superação de obstáculos, foco, criatividade e até tolerância à frustração e obediência às regras.[43] Esses benefícios também aparecem em testes de inteligência. Veja que interessante: as pessoas que jogam regularmente registraram maior pontuação em testes de memória de trabalho,[44] que é um dos principais componentes da inteligência. Isso acontece principalmente com videogames de ação, que envolvem passar por diferentes ambientes, encontrar alvos visuais e tomar decisões rápidas, mas cientistas afirmam que até jogos mais simples são benéficos.[45]

Tanto é que os jogos e alguns de seus elementos vêm sendo cada vez mais usados em várias áreas do conhecimento. Já ouviu falar em gamificação? Esse é o nome desse movimento. Na educação, por exemplo, a gamificação utiliza alguns mecanismos e linguagens típicas dos games para ensinar de forma mais lúdica, despertando o interesse e a motivação dos alunos. Na saúde, os videogames são usados como auxiliares no tratamento em vários campos, como fisioterapia, neurologia e psicologia.

Jogos com reconhecimento de movimentos do corpo (como o Wii) são usados em atividades de reabilitação física e no tratamento de doenças como distrofia muscular e AVC. Na psicologia, os games começam a ser usados em tratamentos para depressão, transtorno de atenção, distúrbios de impulsividade e até fobias, como o medo de avião. Os jogos podem ser especialmente úteis no atendimento

---

[43] NERY, 2015.

[44] Trata-se da capacidade de manter temporariamente as informações ativas para uso em diferentes atividades cognitivas, como compreensão ou pensamento.

[45] Teste de inteligência realizado pela BBC, em conjunto com os principais cientistas do Departamento de Ciências do Cérebro do Imperial College de Londres. Os resultados preliminares estão baseados em mais de 250 mil questionários respondidos até maio de 2020 (HORIZON..., 2020).

a crianças e adolescentes, que têm menor capacidade de expressão verbal que os adultos e costumam ter maior envolvimento com a atividade, o que facilita a atuação do terapeuta.[46]

Mas a preocupação é justificável, sobretudo quando se ouve da Sociedade Brasileira de Pediatria sobre os problemas decorrentes da utilização excessiva de games. O uso precoce e a longa exposição a jogos eletrônicos podem estar relacionados a dificuldades de socialização e conexão com outras pessoas, baixo rendimento escolar, entre outros. Nos casos de dependência, os jogos podem provocar distúrbios mentais, aumento da ansiedade, violência, *cyberbullying*, transtornos de sono e alimentação, sedentarismo, disfunções auditivas, visuais e posturais, lesões de esforço repetitivo (LER), problemas que envolvam a sexualidade (como exposição a pornografia e a redes de pedofilia e exploração sexual – assuntos que vou abordar no Capítulo 6), uso de drogas, autoagressão, suicídio, entre outros.[47]

A Organização Mundial da Saúde (OMS) incluiu o vício em jogos eletrônicos (*gaming disorder*) na sua mais recente Classificação Internacional de Doenças (CID-11), definido como um padrão de comportamento que prejudica a capacidade de controlar a prática desse tipo de passatempo. Ou seja, quando os games se tornam mais importantes que outros interesses e ações diárias, com consequências negativas significativas para a saúde e a vida da pessoa nos campos pessoal, familiar, social, educacional, profissional e entre outros.

Então devemos, de fato, atentar-nos para a quantidade de tempo que nossos filhos dedicam aos games, ainda mais considerando que existe uma questão fisiológica envolvida nessa atividade. Lembra que no Capítulo 1 falei da dopamina? Trata-se de uma substância cerebral que ativa os receptores de prazer. Quando estamos envolvidos em atividades agradáveis, que liberam dopamina, como ocorre durante os jogos eletrônicos, temos uma sensação de prazer

---

[46] SOUZA, 2020a.

[47] EISENSTEIN *et al.*, 2020.

e bem-estar. E isso faz com que o cérebro associe essas experiências a recompensas, induzindo-nos a repetir o mesmo comportamento.[48]

O problema é que alguns estudos comprovam que a liberação de dopamina pelo cérebro quando a pessoa está jogando é tão grande que quase desativa o córtex pré-frontal, região do cérebro responsável pela tomada de decisão, pelo julgamento e pelo controle dos impulsos, como também já explicado no Capítulo 1.[49] É por isso que as crianças e os adolescentes têm muita dificuldade em parar de jogar sozinhos e às vezes precisam de alguém para ajudá-los. É também o motivo pelo qual algumas pessoas podem jogar por 18 horas seguidas e desenvolver uma dependência dos games.

Tudo isso tem implicações importantes para crianças e adolescentes. Especialistas apontam que o alto nível de emoções que se vivencia nos jogos virtuais – como desafio, surpresa, excitação, frustração – pode prejudicar a aprendizagem e a memória, em especial quando jogam mais à noite, porque interfere no padrão de sono e memorização.[50]

> "Eu não sei como cheguei a esse nível, mas emagreci mais de 5 quilos, pois não queria parar de jogar nem para comer. Minha mãe trabalhava o dia inteiro, então não tinha noção do que o vício estava fazendo com a minha vida. Eu acordava e dormia pensando em jogar. Minhas notas caíram e eu não saía mais de casa. Minhas noites de sono eram muito curtas, tudo o que eu queria era jogar e jogar. Eu passava mais de 12 horas por dia em frente à tela, louco, sem saber o que fazer. Foram as piores horas da minha vida. Ficava com a mão vazia, no ar, como se estivesse jogando no manete. Agora já estou me acostumando."
>
> I. K., 15 anos.

---

[48] PRICE, 2018.

[49] PATUREL, 2014.

[50] NABUCO, 2016; DESMURGET, 2021.

Jogos e violência

E o que dizer em relação à violência? Para a Sociedade Brasileira de Pediatria, jogos com cenas de agressão e mortes devem ser proibidos para crianças e adolescentes de qualquer idade, pois banalizam a violência e contribuem para o aumento da cultura de ódio e intolerância. No entanto, especialistas apontam que, embora a exposição excessiva a conteúdos violentos possa influenciar as ações de jovens que já apresentem uma tendência à agressividade, em geral há outros fatores envolvidos, como a presença de distúrbios psicológicos e um ambiente familiar desestabilizado.[51]

É o que indica a mais recente resolução[52] da American Psychological Association (APA) sobre o tema, atualizada em 2020 com base em uma revisão da literatura científica disponível. Segundo a APA, não há, até o momento, evidências científicas suficientes para apoiar um nexo de causalidade entre jogos de videogame violentos e comportamento violento. Vale ressaltar que a APA incentiva a indústria a produzir games com controle parental e com um sistema de classificação claro e adequado às diferentes faixas etárias.

Também vai nessa direção um estudo realizado no Reino Unido com adolescentes britânicos com idades entre 14 e 15 anos.[53] O objetivo dos pesquisadores era investigar até que ponto jovens que passam tempo jogando videogames violentos teriam níveis mais altos de comportamento agressivo em comparação àqueles que não jogam. Os resultados indicaram que o envolvimento com videogames violentos, isoladamente, não está associado a uma variação no comportamento agressivo dos adolescentes pesquisados. Mas, independentemente dessa constatação,

---

[51] BREDA *et al.*, 2014.

[52] APA..., 2020.

[53] PRZYBYLSKI; WEINSTEIN, 2019.

convenhamos, o quão edificante pode ser para uma pessoa em formação manter-se exposta a horas de interações agressivas e violentas? Lembre-se: sozinhos, é difícil para os jovens encontrarem o equilíbrio.

Bom senso e educação acima de tudo

Por tudo o que foi apontado até aqui, você já deve ter percebido que não dá para simplesmente dizer que os games sejam algo do bem ou do mal. O que vai definir o tipo de efeito sobre a criança ou o adolescente é a forma de utilização. Ou seja, a postura em relação ao uso de games deve ser a mesma adotada para tudo o que as novas tecnologias oferecem: garantir a segurança dos nossos filhos e investir em sua conscientização. Com esses cuidados, serão capazes de aproveitar da melhor forma essa ferramenta tão incrível.

Assim, antes de liberar os games para nossos filhos, o primeiro ponto a se observar é a classificação indicativa. É importante que ela seja respeitada sempre, de forma que as crianças só tenham acesso aos jogos indicados para sua respectiva idade. Eu sei, eles vão dizer: "Todo mundo pode, menos eu". Mas você se abala mesmo sabendo que está fazendo o melhor para ele, especialmente em longo prazo?

Minha sugestão é que você converse com seu filho e explique que a classificação indicativa tem como objetivo protegê-lo de situações impróprias para sua idade, como cenas de violência, sexo ou uso de drogas, e do contato com pessoas mal-intencionadas, já que muitos dos games on-line possibilitam a interação entre os jogadores por meio de *chats*. Muitas vezes, falsários, aliciadores de menores e outros tipos de criminosos se passam por uma criança ou adolescente da mesma idade para conquistar sua confiança e tentar uma aproximação. Imagine, se os adultos ficam vulneráveis a pessoas mal-intencionadas na internet e caem em diversas armadilhas, como podemos esperar que crianças sejam capazes de, sem orientação, perceber essa engenharia social?

Então, aproveite essa conversa para orientá-las a não interagirem com estranhos e a não compartilharem informações pessoais e da família. Veja que esse risco é grande: dos 24,3 milhões de usuários da internet no Brasil com idade entre 9 e 17 anos, 55% jogam conectados com outros jogadores aleatórios (o que corresponde a 13,3 milhões de crianças e adolescentes).[54]

Mas como saber qual é a classificação indicativa de conteúdo dos games? No Brasil, os jogos e aplicativos destinados a crianças e adolescentes devem ser classificados previamente, e a informação precisa estar descrita na frente e no verso da embalagem – quando físico – ou no anúncio, no caso de games on-line. O órgão responsável por estabelecer as diretrizes dessa classificação é o Ministério da Justiça, que também oferece esse esclarecimento on-line.[55] Diversos outros países possuem organizações que classificam os games de acordo com a indicação etária. Uma das mais conhecidas é a Entertainment Software Rating Board (ESRB), uma organização norte-americana sem fins lucrativos que mantém um sistema de pesquisa on-line.[56]

Classificação indicativa: guia prático de audiovisual - Ministério da Justiça

No caso de jogos on-line, a maioria dos países indica 13 anos como idade mínima.[57] Se você permitir que seus filhos joguem antes

---

[54] CRIANÇAS..., 2020.
[55] BRASIL, [s.d].
[56] ESRB, [s.d.].
[57] HOW PARENTAL..., 2021.

disso, minha recomendação é que seja somente com pessoas conhecidas. Mesmo depois dessa idade, recomendo que se mantenha atento a qualquer mudança de comportamento, assim como com quem interagem nesse ambiente.

Os softwares de controle parental, que mencionei no capítulo anterior, também podem ajudar muito, por permitirem selecionar quais jogos seus filhos têm permissão para jogar, limitar e monitorar os gastos on-line, supervisionar o acesso à internet e aos *chats* e definir o tempo que podem ficar jogando nos diversos dispositivos. O legal é que esses softwares também ajudam a restringir o acesso a influenciadores não muito bacanas, como aqueles que falam onze palavrões a cada dez palavras, sabe? Mas, de novo, reforço que nada substitui conversas e combinados com nossos filhos.

Da mesma forma, procure dar atenção especial ao tempo que dedicarão aos jogos. Além de não ultrapassarem a quantidade de horas diárias recomendada pela SBP (como falamos antes) e de jogarem em locais da casa em que possam ser observados pelos adultos, a criança ou o adolescente deve dividir seu tempo com outras atividades e formas de entretenimento fora das telas, inclusive ao ar livre e em conjunto com o restante da família[58] e os amigos, assim como dar especial atenção às necessidades básicas. Parece estranho dizer isso, mas acredite: tem jovem que evita comer, tomar banho e até ir ao banheiro para não parar o jogo! Por isso, preste atenção aos sinais, como sensação de olhos secos, dores nas costas, articulações, excesso ou perda de peso, entre outros, que podem indicar o uso demasiado de games (*veja mais detalhes ao final deste capítulo*).

Por outro lado, é importante que você tenha uma ideia sobre como os jogos funcionam (não precisa aprender a jogar, mas a tentativa é muito válida, como falamos anteriormente – aliás, esse pode ser um momento divertido da família, e, se você for como eu, prepare-se para virar piada em casa), para poder estabelecer as regras que deverão ser seguidas por seus filhos – por exemplo, alguns games, em especial

---

[58] GENTILE *et al.*, 2017.

os on-line, não permitem pausas durante as partidas. Claro que, em algumas situações, pode haver um pouco mais de flexibilidade, em especial para aqueles que vivem em um apartamento ou em uma casa com pouco ou nenhum espaço para atividades ao ar livre. Afinal, os games podem ser o momento para relaxar depois de horas de estudo ou a chance de encontro com os amigos que a criança ou o adolescente não podem, por alguma razão, ver pessoalmente. E – por que não? – uma oportunidade de você interagir de forma lúdica com seus filhos e entender na prática o que chama tanto a atenção deles nesses jogos. Segundo uma pesquisa sobre games no Brasil, 84,1% dos pais entrevistados têm o costume de jogar com os filhos. Se você nunca fez isso, pode ser uma chance de começar.

Apresento a seguir algumas dicas práticas, materiais e ferramentas que podem ajudar na tarefa de definir as regras e os limites para o uso de games, promovendo meios para que nossos filhos possam tirar o máximo proveito dessa fantástica e dinâmica alternativa de entretenimento.

MÃO NA MASSA

Aproveitando os games de forma saudável e segura

A Sociedade Brasileira de Pediatria[59] e o Pan European Game Information (PEGI), sistema europeu de classificação de conteúdo de jogos eletrônicos,[60] elaboraram uma série de recomendações para o uso saudável de videogames. Com essas ações, aqui compiladas, podemos ajudar nossos filhos a aproveitarem as vantagens dos jogos eletrônicos, com moderação e mais segurança.

---

[59] EISENSTEIN *et al.*, 2020.
[60] ONLINE..., 2017.

1. Limite o tempo de videogames a duas ou três horas por dia e não permita que "virem a noite" jogando, mesmo os adolescentes. Lembre-se: equilíbrio é tudo! Manter-se atento aos tipos de jogos pelos quais se interessam também é bem importante, inclusive para relacionar a alguma mudança de comportamento.

2. Verifique a classificação indicativa dos games para que seus filhos acessem apenas aqueles que sejam adequados à idade e capacidade de compreensão que têm. Consulte normas técnicas e guias práticos para famílias e outras ferramentas disponíveis on-line (como as que sugeri anteriormente).

3. Estabeleça regras e limites bem claros e que sejam consenso na família sobre o tempo de duração dos jogos por dia ou no final de semana, assim como em relação à interatividade em *chats* de games.

4. Explique que mau comportamento, linguagem imprópria ou trapaça NÃO são atitudes legais! Procure conversar francamente sobre qualquer mensagem ofensiva, discriminatória, esquisita, ameaçadora ou amedrontadora, desagradável, obscena, humilhante, confusa, inapropriada ou que contenha imagens ou palavras pornográficas ou violentas, de intolerância ou ódio, que podem vir a receber, assim como exibição de conteúdo indesejado ou convites para encontros fora do jogo. Explique como podem bloquear esse tipo de conteúdo e como devem agir diante dessas situações.

5. Incentive que sempre contem a você caso esse tipo de situação ocorra ou caso encontrem alguma informação que os faça sentir algum desconforto, orientando-os a denunciar usando a página de comentários ou os mecanismos de reclamação específicos nos sites dos jogos.

6. Monitore os games que seus filhos estão acessando e as mensagens que trocam com outros usuários no caso de jogos on-line, mantendo o computador e os dispositivos móveis em locais seguros e ao alcance da sua supervisão.

7. Use programas de controle de segurança e monitoramento, se entender necessária uma ajuda adicional, para acompanhar e restringir o tempo, os gastos com jogos on-line e o uso de aplicativos por faixa etária. Ainda assim, vale a pena explicar com calma, sem terrorismo, com exemplos que estão disponíveis na própria internet, quais são os perigos que existem neste ambiente para a saúde e segurança.

8. Incentive-os a fazerem intervalos regulares entre as partidas e a equilibrar os períodos de games com atividades esportivas, brincadeiras, exercícios ao ar livre ou em contato direto com a natureza.

9. Leia um resumo sobre os jogos de que eles gostam. Arrisque e experimente jogar uma vez sozinho, mas se não for possível, jogue com eles. Essa é a melhor maneira de aprender sobre o jogo.

10. Conserve sobre os games que eles jogam. Explique por que certos jogos podem não ser adequados para eles.

11. Oriente seus filhos a não fornecerem detalhes pessoais a jogadores desconhecidos, como endereço residencial, e-mail, número de telefone, senhas ou fotos, e a não se encontrar com pessoas que só conheçam on-line, a menos que estejam acompanhados por você.

12. Não hesite em interromper a comunicação ou alterar o ID on-line dos seus filhos se algo dentro do jogo, ou a maneira como a brincadeira evolui, colocar em risco a segurança, a saúde ou os valores da família.

DICA

Assista ao vídeo *Dê um pause e vem*, iniciativa de uma empresa de telefonia que desenvolveu essa animação para estimular as crianças a dosarem o tempo entre aparelhos eletrônicos e outras brincadeiras e encontros com os amigos.

Dê um pause e vem - Vivo

Não abandone os seus filhos - Leo Fraiman

Sinais de alerta para o excesso de games

Alguns comportamentos e sinais físicos podem estar associados ao uso abusivo de videogames. Procure prestar atenção e, se perceber algum deles, com muito cuidado e carinho, intervenha e, se necessário, busque auxílio de um profissional da saúde[61]:

- Queda no rendimento escolar;
- Abandono de atividades até então importantes, como o esporte, a música, a leitura e até a televisão;
- Substituição do convívio com amigos, familiares e, inclusive, com namorado ou namorada;
- Distúrbios de sono e de alimentação;
- Aumento de peso;

---

[61] EISENSTEIN; ESTEFENON, 2011.

- Surgimento de dores de cabeça e nas articulações, na coluna cervical e na lombar;
- Secura e irritação nos olhos, dificuldade para enxergar.

Cinco coisas que pais e mães de gamers precisam saber sobre jogos on-line[62]

Não dá para pausar esse tipo de jogo. Pode acreditar quando seus filhos dizem isso. Não é má vontade deles. Para fazer uma pausa, os servidores teriam de parar o jogo para todas as milhares de pessoas conectadas no game ao mesmo tempo, ou seja, é inviável.

Forçar o desligamento não é uma boa ideia. Quando nossos filhos estão em uma partida on-line e você desliga o videogame, computador ou internet, eles podem ser punidos pelos outros jogadores que estão na partida por deixar o time com um *player* a menos. Assim, a equipe fica em desvantagem. Por isso, quem abandona recebe uma punição nos jogos. Não é à toa que eles ficam muito irritados quando, por qualquer razão, o jogo é interrompido (como uma queda de energia, alguém que puxou o fio sem querer ou um pai que não sabia muito bem como as coisas funcionavam e desligou o console).

O tempo médio de uma partida varia muito. Cada jogo tem uma dinâmica própria, por isso a duração das partidas é diferente. Alguns exemplos:

Fortnite: o tempo médio é de 10 a 25 minutos, mas é possível morrer logo no começo da partida e ser obrigado a começar uma nova.

Overwatch: as partidas podem durar de 10 a 30 minutos, e os jogadores vão "revivendo" após serem atingidos.

---

[62] Beatriz Fagundes Arouca, formada em Jogos Digitais pela FMU e em Direito pela FIG Unimesp. Adaptado.

League of Legends (*LOL*): a duração das partidas desse jogo é muito variável, podendo ir de 15 minutos a mais de uma hora. Quando o jogador morre, ele permanece na mesma partida até o objetivo final ser alcançado, voltando ao jogo segundos depois.

World of Warcraft: o jogo não é feito por partidas, é definido a partir de metas, e os jogadores precisam se unir para enfrentar um dos chefões. O time pode levar até uma hora para concluir a missão.

CS Go: as partidas duram de 5 a 40 minutos, com jogadores aguardando alguns segundos após morrer para voltar ao jogo.

Nunca se joga sozinho. Todos os jogos on-line envolvem a interação entre os jogadores, seja para criar uma estratégia, seja para fugir dos inimigos ou compartilhar os ganhos. Por mais que a maioria dos jogos não identifique o jogador e só mostre o nome do personagem escolhido por ele, a possibilidade de conversar via *chat* ou pelo fone de ouvido com estranhos deve ser sempre considerada. Afinal, o próprio jogador pode passar informações sobre ele, sua família, sua escola e outros dados importantes. Fique de olho!

Os gamers costumam se irritar durante o jogo. No decorrer de uma partida, é comum que um jogador acabe brigando com outros. Isso acontece porque é muito frustrante quando a equipe luta para conseguir a vitória e um dos jogadores do time atrapalha todo mundo – de propósito ou não. Por isso, eventualmente nossos filhos terão ataques de raiva, o que, certamente, precisa ser ponderado, observado e contido.

Avalie sempre e tenha em mente: se nossos filhos parecem muito *noob*, que estão *trollando* ou *feedando*, os gamers ficarão *rage*, não conseguirão *upar* e, dependendo de como for, podem até tomar um *ban*. "Oooi?" Não entendeu nada? Para ter acesso à "tradução", confira a seguir o vocabulário que eu trouxe para você. Existe uma linguagem em códigos que precisamos desvendar.

Fique por dentro do vocabulário *gamer*

Às vezes parece que nossos filhos estão falando outro idioma enquanto jogam? Sim, é quase isso. Os gamers têm uma linguagem particular para se comunicar entre si. A seguir, algumas das palavras e expressões mais usadas e os tipos de jogos mais comuns.[63]

Palavras e expressões

- *Noob*: jogador iniciante que não possui conhecimento sobre o game e faz jogadas ruins. Forma de uso: Você é muito *noob*.
- *Feedar*: verbo derivado da palavra inglesa "*feed*", que significa alimentar. É usado quando um jogador deixou o time inimigo forte, ou seja, "alimentou" a equipe adversária. Forma de uso: Fulano *feedou* o time. Estou *feedando*.
- *Trollar*: verbo usado para expressar a situação em que um aliado prejudica propositalmente o time. Forma de uso: Ele *trollou* o game. Estava *trollando*.
- *Rager*: jogador que se descontrola durante o jogo, gritando, ofendendo e tendo surtos de raiva. Formas de uso: Ele deu o maior *rage*. Para de ser *rage*.
- *Upar*: verbo derivado do termo "to level up", que significa subir de nível. Forma de uso: Eu já *upei* cinco níveis hoje. Vamos *upar* juntos.
- *Smurf*: jogador experiente que cria outra conta para começar de novo. São melhores do que os iniciantes. Forma de uso: Isso com certeza é uma conta *smurf*!

---

[63] Beatriz Fagundes Arouca, formada em Jogos Digitais pela FMU e em Direito pela FIG Unimesp. Adaptado.

- *Ban*: punição que jogador recebe por má conduta – ele pode ser banido do *chat*, da partida ou do jogo. Forma de uso: Tomei um *ban* de cinco dias.

Tipos de jogo

- *Moba*: sigla em inglês para *"multiplayer online battle"*, que significa arena de batalha on-line de multijogadores. Tipo de jogo estratégico, em que os jogadores do mesmo time devem se unir para destruir a base inimiga e defender a própria base.
- RPG: siga em inglês para *"role-playing* game", que significa jogo de interpretação de personagem. É um jogo em que o foco principal é a evolução do personagem a partir de suas escolhas.
- MMO: siga em inglês para *"massive multiplayer online"*, que significa multijogadores massivos on-line. São jogos que possuem muitos jogadores on-line ao mesmo tempo.
- Battle Royale: tipo de jogo em que todos os jogadores estão contra todos. O vencedor é o último sobrevivente.
- FPS: siga em inglês para *"first person shooter"*. São jogos de "tiro em primeira pessoa", jogos de guerra, armas e com a mira no centro da tela.
- DLC: sigla de *"downloadable content"*, ou seja, conteúdo disponível para download. São conteúdos adicionais dos games já existentes.

AGORA SENTE AQUI, VAMOS CONVERSAR

Depois de tudo o que compartilhei com você até aqui, já deu para perceber que os games são uma realidade e vão continuar a ser por muito tempo, com cada vez mais avanços e aplicações nas mais diferentes áreas. E podem oferecer enormes benefícios em vários aspectos da vida. Por isso, acredito que proibir o acesso a eles não seja uma boa atitude para manter crianças e adolescentes a salvo dos riscos que de fato existem nesse universo.

O segredo do sucesso é dominar essa ferramenta e não ser dominado por ela, conhecendo os riscos e aproveitando o que há de melhor com temperança, ética, segurança, consciência e responsabilidade. Assim, nosso papel é compreender os riscos desse ambiente para oferecer informações de qualidade e orientações que lhes permitam desfrutá-lo da melhor forma.

Você sabia que hoje as competições de games já são consideradas um esporte eletrônico, conhecido como *e-sports*, e contam com a participação de jogadores profissionais ou amadores de alto nível, que são remunerados por isso? Por ser um campo em constante expansão, os games oferecem oportunidades promissoras para diferentes profissões relacionadas à criação, à produção, à distribuição e a outras atividades envolvidas nesse mercado. Quem sabe o minigamer que você tem em casa pode vir a se tornar um profissional bem-sucedido nessa área? ◼

Não hesite em interromper
a comunicação ou alterar o ID
on-line dos seus filhos se algo
dentro do jogo, ou a maneira
como a brincadeira evolui,
colocar em risco a segurança,
a saúde ou os valores
da família.

Foto: Unsplash

CAPÍTULO 4

Redes e mídias sociais

Um guia de sobrevivência para
não ser abduzido e guiado por elas

Se as redes sociais são praticamente onipresentes na vida de muitas pessoas em todo o mundo, não poderia ser diferente na vida dos jovens, nossos nativos digitais, que nunca conheceram um mundo sem acesso instantâneo à internet. Você sabia que hoje plataformas como Facebook, Twitter e Instagram são usadas por 49% de toda a população mundial, ou seja, 3,8 bilhões de pessoas?[64] No Brasil, o número chega a 66% da população, o equivalente a 140 milhões de pessoas.

Assim, podemos dizer, sem parecer exagerados, que as redes sociais revolucionaram a forma como nos relacionamos com as outras pessoas. Elas se tornaram os espaços preferenciais para construirmos relacionamentos, moldarmos nossa identidade, nos expressarmos, nos comunicarmos e até aprendermos sobre o mundo. Nesses ambientes, você pode encontrar amigos antigos, entrar em contato com pessoas que têm os mesmos interesses que você, descobrir canais de notícias e outros assuntos de que você gosta e muito mais.

As redes sociais são muito legais mesmo. Mas precisamos assumir o controle para não sermos controlados, manipulados, mal interpretados

---

[64] DIGITAL..., 2021.

e julgados por intermédio delas. Afinal, nossos *posts* e até nossas curtidas e comentários dizem muito sobre nós – e podem gerar lucros absurdos para seus controladores. É, tem muita coisa envolvida nessas redes. Por isso, é importante sabermos o máximo possível sobre elas, para evitar que nossos filhos sejam abduzidos e guiados cegamente.

Como funcionam as redes

Você já parou para pensar como funcionam as redes sociais e por qual motivo todas elas são gratuitas? Já percebeu que depois de pesquisar ou curtir um determinado assunto, nos dias seguintes, você começa a ver anúncios relacionados ao tema? Pois é, o produto vendido pelas plataformas aos seus clientes (os anunciantes) é a atenção dos usuários. E como capturar cada vez mais a atenção dos usuários?

Esse é o trabalho dos programadores e dos famosos algoritmos, que utilizam uma série de truques para atrair nossa atenção, visando única e exclusivamente prolongar ao máximo o tempo de engajamento e de interação digital.[65] Cada curtida, clique, compartilhamento e comentário que você faz nas suas redes sociais gera dinheiro para algum anunciante e para os donos das redes. E gera também uma quantidade enorme de informação sobre você, que é usada para gerar anúncios e postagens patrocinadas cada vez mais atraentes, para que você passe cada vez mais tempo conectado.[66]

QUADRO 2 | **O dilema das redes**

Esse mecanismo é mostrado de forma bem clara no documentário *O dilema das redes*.[67] O filme explica como as empresas

---

[65] NABUCO, 2020.

[66] PRICE, 2018.

[67] O DILEMA..., 2020.

de tecnologia usam técnicas cada vez mais sofisticadas para prender a atenção dos usuários e, assim, ganhar dinheiro. Os algoritmos das redes sociais determinam o que vemos na linha do tempo do Facebook e do Instagram e quais vídeos o YouTube vai recomendar.

As redes realmente são viciantes

As redes sociais reforçam a sensação de recompensa e valorização por meio das curtidas nos *posts* e imagens que publicam, o que é potencialmente viciante.[68] Considerando que a maturação do cérebro ocorre após os 20 anos de idade, os jovens têm mais dificuldade em controlar seus impulsos. Assim, nós, responsáveis, temos de prestar atenção às atividades on-line executadas pelas crianças e pelos adolescentes e acompanhar o que fazem nas redes para diminuir os riscos.

De acordo com o relatório *#StatusOfMind*, que apresenta os resultados de diversos levantamentos feitos por pesquisadores no Reino Unido, acredita-se que o vício em mídias sociais afete cerca de 5% dos jovens – muitos desses cientistas descrevem as mídias sociais como mais viciantes do que cigarro e álcool. E o uso delas tem aumentado muito, o que torna essa questão mais importante. Em 2007, apenas 22% das pessoas no Reino Unido tinham pelo menos um perfil em alguma rede social; em 2016, esse número subiu para 89%. E, claro, o uso de mídia social é muito maior entre os jovens: 91% dos britânicos de 16 a 24 anos usam a internet para acessar as redes sociais.[69]

No Brasil, o problema também é sério. Uma pesquisa da Universidade Federal do Espírito Santo, realizada em 2019 com mais de 2 mil adolescentes entre 15 e 19 anos, mostrou que 25,3% são dependentes moderados ou graves de internet e redes sociais.

---

[68] MINISTÉRIO..., 2019; NABUCO, 2020.

[69] CRAMER; INKSTER, 2017.

E olha outro dado interessante: uma pesquisa realizada por cientistas da Universidade da Colúmbia Britânica, no Canadá,[70] comprovou que, quando o celular está na mesa de jantar, por exemplo, as pessoas não conseguem estar 100% presentes e aproveitar o momento, porque se distraem com a simples expectativa de serem, de alguma forma, acionadas. De fato, quem consegue ficar indiferente àquelas notificações que aparecem nos aplicativos o tempo todo? E isso não acontece só no ambiente familiar. Muitas empresas têm uma caixinha do lado de fora das salas de reunião para que os funcionários deixem o celular, porque as pessoas não conseguem se concentrar, mesmo quando o aparelho está virado para baixo.[71]

E não é fácil mesmo ficar longe deles, ainda que por curtos períodos. O programa *Fantástico* fez uma experiência interessante com algumas pessoas superconectadas.[72] Levou todas para uma praia deserta, onde elas tiveram de passar 48 horas sem seus celulares. Os depoimentos foram assustadores, as pessoas se sentiam mal, como fumantes que ficam sem cigarro. E muitas se deram conta de como dependem desse aparelho tão pequeno e, em especial, da interação com as redes sociais.

Exposição exagerada e ansiedade

Um dos problemas mais evidentes das redes sociais, estudados por pesquisadores e médicos de diferentes partes do mundo, é o desenvolvimento de um anseio desenfreado por receber curtidas e visibilidade. Elas representam uma forma de se obter aprovação, que é uma característica inerente ao ser humano. A preocupação surge quando as pessoas, em especial aquelas em formação, como as crianças e os adolescentes, passam a querer se moldar pela expectativa dos seus seguidores, deixando de ser quem realmente são

---

[70] DWYER; KUSHLEV; DUNN, 2018.

[71] DINIZ, 2017; TOZZI; GÓMEZ, 2018.

[72] APAIXONADOS..., 2015.

e expressando-se de uma forma temerária, violenta, mentirosa ou ofensiva nas redes sociais. A esse respeito, compartilho um artigo que escrevi sobre os limites da liberdade de expressão nas redes sociais:

A liberdade de expressão nos meios digitais

Além disso, as redes sociais dão às pessoas a oportunidade de expressar suas opiniões e compartilhar com o mundo suas verdades, aprendizados, crenças e interesses. Mas o que, em princípio, deveria ser uma coisa boa também encoraja alguns a mostrar certas atitudes que jamais teriam coragem de expressar pessoalmente, sem a proteção de uma tela, seja de um computador, tablet ou mesmo celular. Daí a quantidade enorme de conteúdos preconceituosos, cheios de ódio e violência, bem como outros que estimulam a prática de comportamentos que colocam a saúde e a vida em risco, como os desafios perigosos, que volta e meia vão parar na mídia (desafio do desodorante, da camisinha, do gelo e sal, de não oxigenação ou desmaio, da canela etc.).[73]

Outra coisa que mudou muito com o advento das redes sociais foi o conceito de amizade. Na verdade, eu diria até que o seu conceito de valor foi modificado, porque chamamos de amigos pessoas que, sequer, sabemos quem são.

O sociólogo e filósofo polonês Zygmunt Bauman faz uma reflexão muito interessante sobre isso.[74] As redes são muito úteis, oferecem serviços muito prazerosos, mas são uma armadilha, porque

---

[73] LARA, 2020.
[74] QUEROL, 2016.

geram um substituto para as comunidades da vida real. Porém, ao contrário da comunidade, que é um grupo a que você pertence, a rede social pertence a você. Veja o que ele diz:

> É possível adicionar e deletar amigos, e controlar as pessoas com quem você se relaciona. Isso faz com que os indivíduos se sintam um pouco melhor, porque a solidão é a grande ameaça nesses tempos individualistas. Mas, nas redes, é tão fácil adicionar e deletar amigos que as habilidades sociais não são necessárias.

Essas habilidades são desenvolvidas na rua, no trabalho, na escola, ao encontrar gente com quem se precisa ter uma interação razoável. Então, nesses ambientes, você precisa estabelecer um diálogo para enfrentar as dificuldades. E o diálogo real não é falar com gente que pensa igual a você, mas, sim, diferente. Só que as redes sociais não ensinam a dialogar, porque lá é muito fácil evitar a controvérsia. No fim, as pessoas acabam só se relacionando com quem pensa igual a elas. E para isso também contribuem os famigerados algoritmos, que indicam os mesmos conteúdos, o que reforça esse padrão.

Assista à entrevista que Zygmunt Bauman concedeu ao projeto Fronteiras do Pensamento, em 2011. Mais de uma década depois, suas reflexões continuam extremamente relevantes e atuais.

Diálogos com Zygmunt Bauman - Fronteiras do Pensamento

A psicóloga Sherry Turkle, professora do Instituto de Tecnologia de Massachusetts (MIT), após realizar diversas pesquisas sobre o tema, expõe uma visão semelhante sobre as redes sociais.[75] Segundo ela, hoje estamos ficando acostumados a estar sozinhos juntos. As pessoas querem estar umas com as outras, mas, ao mesmo tempo, conectadas com outros lugares. É muito comum ver casais ou grupo de jovens em que cada um está com seu celular interagindo com alguém virtualmente, em vez de dar atenção a quem está ao lado. Ou até mesmo em reuniões em empresas, como mencionei.

Muita gente hoje em dia prefere interagir pelas redes sociais ou por aplicativos do que conversar pessoalmente ou mesmo por telefone (sabe, daquele jeito que já parece antigo, por voz, ao vivo?!). Sabe por que isso acontece? Porque em tempo real você não pode controlar o que vai dizer. E, principalmente por *posts* nas redes sociais, podemos nos apresentar como queremos ser. Nós editamos, o que significa que retocamos o rosto, a voz, o corpo, para ficarmos como achamos certo. Mas esse tipo de interação não funciona para nos conhecermos melhor, são as conversas pessoais que nos fazem aprender a conversar conosco mesmos. Evitar conversas pode realmente comprometer nossa habilidade de autorreflexão. E, para crianças e adolescentes, essa habilidade é o alicerce do desenvolvimento, já que precisam aprender a estabelecer relações olho no olho, a conversar.

Achamos tão atraente estar nas redes sociais porque ali há muita gente nos ouvindo sem interrupções, e, assim, passamos a querer passar ainda mais tempo nesses ambientes. Essas plataformas nos oferecem a ilusão de companheirismo sem as exigências da amizade, ajudam a nos sentir conectados de formas que podemos controlar.

Para Turkle, os smartphones e as redes sociais oferecem três fantasias gratificantes: a de podermos concentrar nossa atenção no que

---

[75] TURKLE, 2012.

desejamos; a de que sempre seremos ouvidos; e a de que nunca precisaremos ficar sozinhos. E essa ideia de que nunca ficaremos sozinhos acaba alterando nossa mente. O que acontece? No momento em que as pessoas estão a sós, até mesmo por alguns segundos, elas ficam ansiosas, inquietas, entram em pânico, como se ficar sozinho fosse um problema que precisasse ser resolvido. E tem coisa mais confortável do que ter um dispositivo que nos dá a sensação de que não estamos sós?

Essa situação pode ser descrita como: "Eu compartilho, portanto, existo". Usamos a tecnologia para nos definir ao compartilhar nossos pensamentos e sentimentos enquanto estamos pensando e sentindo. Começamos a pensar que estar sempre conectado fará com que nos sintamos menos solitários. Mas isso é uma ilusão, porque na realidade o que acontece é o oposto. Se não somos capazes de ficar sós, nos sentiremos mais sozinhos. E, se não ensinarmos nossos filhos a ficarem sozinhos, eles se sentirão, de fato, solitários e tristes quando se depararem com essa situação. Além disso, a disponibilidade constante para responder a uma mensagem ou notificação cria ansiedade, ao mesmo tempo que compromete a oportunidade de viver o aqui e o agora, o real.

Expectativas irreais

E se ser adolescente já era difícil em outras épocas, alguns riscos que as redes sociais trouxeram adicionaram uma pressão extra para os jovens dessa geração digital. Um deles é a criação de expectativas irreais, o que pode levar a diversos problemas, como ansiedade e depressão.

Essa situação é corroborada por especialistas em todo o mundo. Veja só: um estudo realizado[76] por pesquisadores dos Estados Unidos e da Bélgica mostrou que, apesar de o Facebook ser um recurso que, em princípio, ajuda a atender às necessidades humanas básicas de conexão social, quanto mais as pessoas usam essa rede, menor é

---

[76] KROSS *et al.*, 2013.

seu nível de satisfação com a vida. Ou seja, em vez de aumentar o bem-estar, o Facebook pode acabar com ele.

O relatório *#StatusOfMind* chegou à mesma conclusão. Os jovens britânicos dizem que as redes mais usadas (Facebook, Twitter e Instagram) pioram seus sentimentos de ansiedade. E aqueles que passam mais tempo nelas – além de duas horas por dia – são mais propensos a relatar problemas de saúde mental e sofrimento psicológico, já que ver os amigos aproveitando as férias e as baladas faz com que achem a própria vida menos interessante, o que aumenta o sentimento de inadequação.

Isso também tem muito a ver com a aparência física. Veja que número impressionante: 10 milhões de novas fotos são postadas no Facebook a cada hora. Esse material todo fica disponível on-line, fazendo com que jovens, especialmente as meninas, comparem-se com essas imagens o tempo todo.[77] O resultado disso? De acordo com a Academia Americana de Cirurgia Plástica Facial e Reconstrutiva (AAFPRS),[78] as cirurgias plásticas faciais cresceram 47% entre 2017 e 2018, e os cirurgiões disseram que a maior motivação dos pacientes para os procedimentos era o desejo de aparecer melhor nas *selfies* e no Snapchat. Quer saber outro dado preocupante dessa pesquisa? Do total das cirurgias estéticas, 72% foram feitas em pacientes com menos de 30 anos.

Tem mais: cada vez mais jovens procuram fazer procedimentos para se parecerem com sua imagem digital. Essa questão já tem até um nome: "dismorfia Snapchat". O termo foi criado pelo médico britânico Tijion Esho, que registrou em suas clínicas um crescimento no número de pacientes que, em vez de levarem fotos de celebridades para pedir que ele copiasse o formato do nariz ou de outras partes do rosto, agora levavam as próprias fotos editadas com o Snapchat ou o aplicativo Facetune.[79]

---

[77] CRAMER; INKSTER, 2017.

[78] AAFPRS, 2019.

[79] HUNT, 2019.

É claro que isso desencadeia problemas psicológicos, principalmente em adolescentes e jovens, como o Transtorno Dismórfico Corporal (TDC), um problema de saúde mental em que as pessoas se tornam obcecadas por defeitos imaginários na sua aparência.[80] E as redes sociais, que hoje são o local em que todo mundo busca validação (estética e de outros tipos), acabam potencializando esses distúrbios.

O uso das mídias sociais em telefones, laptops e tablets à noite, antes de dormir, também está relacionado com sono de má qualidade. Pesquisadores acreditam que as luzes desses dispositivos podem interferir e bloquear processos naturais no cérebro, que desencadeiam a sensação de sonolência, bem como a liberação do hormônio do sono, a melatonina. Com isso, a pessoa demora mais para adormecer e acaba tendo menos horas de sono todas as noites. Estudos mostram que um em cada cinco jovens afirma acordar durante a noite para verificar as mensagens nas redes sociais, o que os leva a ter três vezes mais probabilidade de se sentirem constantemente cansados na escola do que seus colegas que não usam as redes sociais durante a noite.[81]

Ainda temos o famoso *Fear of Missing Out* (FoMO). Muitos jovens utilizam a expressão para se referir ao medo de estar perdendo alguma coisa quando não estão conectados nas redes sociais. É com isso que justificam a necessidade de estar constantemente conectados: para ver o que as outras pessoas estão fazendo, para não ficar de fora. O problema é que o FoMO está associado a uma queda de humor e menor satisfação com a vida, já que o fluxo praticamente infinito de experiências de outras pessoas gera ansiedade, angústia e sentimento de inadequação e de que não estamos aproveitando a vida como nossos contatos e as celebridades que seguimos.

---

[80] SANDOIU, 2018.

[81] CRAMER; INKSTER, 2017.

Veja o caso de uma jovem que chegou ao meu conhecimento. A garota, de 14 anos, estava há uma semana com uma gripe fortíssima e precisou ficar de repouso em casa. As amigas combinaram de ir ao shopping, mas a mãe não a deixou ir, por razões óbvias. Acompanhar os *posts* das amigas que desfrutavam do passeio e se ver de fora a deixou tão aborrecida que a fez se desentender com a mãe.

Em uma de minhas palestras, outra aluna me falou que nem sempre tem vontade de sair com os amigos e que muitas vezes prefere ficar em casa vendo séries ou "brisando", porém, ao pensar nas tantas mensagens que, já sabe, aparecerão sobre o rolê nos grupos e *posts* durante o passeio, se vê "obrigada" a ir, mesmo sem querer de verdade.

Outra situação que também compartilham muito comigo é o término de namoro ou relacionamento. É muito difícil para os jovens, porque, além de ter de lidar com o rompimento em si, acabam vendo as fotos do(a) ex se relacionando com uma nova pessoa. É preciso ajudá-los a administrar essas situações, que, vamos combinar, já são difíceis para nós, adultos, imagina, então, para eles, que têm menos experiência de vida e maturidade.

Além de tudo isso, as redes oferecem um ambiente propício para a prática de *cyberbullying*. Uma pesquisa global da McAfee[82] aponta o Brasil como um dos países que mais sofre com essa prática, que ocorre, especialmente, no WhatsApp e Instagram, por questões relacionadas à aparência física, sendo que 1/3 das crianças relataram

---

[82] CYBERBULLYING..., 2022.

esconder o *cyberbullying* dos seus pais. Falaremos melhor a respeito logo mais.

Arranhões na reputação

Os problemas da exposição excessiva às redes sociais não se resumem à saúde mental e à saúde física. Muita gente acaba com sérios danos à sua reputação profissional por postar, curtir ou compartilhar conteúdos e opiniões inapropriadas, na sua busca por validação ou apreciação em forma de *likes*. E sabe por quê? Hoje, empregadores em potencial e equipes de admissão em faculdades costumam navegar em sites de redes sociais para checar os perfis dos candidatos.

Pesquisando na internet, podemos encontrar vários exemplos práticos das consequências negativas geradas pela publicação de opiniões impensadas nas redes sociais. Um dos mais famosos é o de uma executiva de uma empresa norte-americana que fez uma postagem no Twitter, a título de "brincadeira", sobre a África e foi considerada racista.[83] Outro caso envolveu alunos da universidade de Harvard, nos Estados Unidos, considerada uma das melhores do mundo: um grupo de calouros teve sua admissão cancelada por ter publicado memes ofensivos.[84] Abaixo, compartilho com vocês um material que traz uma reflexão sobre o comportamento on-line.

Atenção para o toque de 9 segundos para perder o emprego (ou nem chegar a ser contratado)

---

[83] EXECUTIVA..., 2013.
[84] HARVARD..., 2017.

Imagino que você deva estar se perguntando: o que leva pessoas inteligentes e preparadas a se expor dessa forma nas redes sociais? Uma explicação pode estar no conceito de "sociedade da sensação", abordado pelo filósofo alemão Christoph Türcke.[85] Segundo ele, no mundo contemporâneo, de forma muito mais intensa do que no passado, o que não causa uma sensação, ou seja, não é visto, notado ou percebido, simplesmente não existe. Assim, para que alguém seja alguém, para marcar presença no mundo, é preciso chamar a atenção, ser visto, notado, levado em consideração. E como as pessoas fazem isso? Expondo-se, causando uma sensação, emitindo opiniões – o que, nas redes sociais, podemos fazer diretamente, sem intermediários.

Ocorre que muitas crianças e adolescentes fazem qualquer coisa (mesmo) para ganhar curtidas em seus *posts* e comentários. Mas, ao se exporem além do que deviam, sem saber o que fazer quando essa exposição ultrapassa o limite que sua emoção pode suportar, acabam sendo vítimas de si mesmos.

Sem contar que, muitas vezes, eles não têm noção de como seu comportamento de hoje poderá influenciar em sua vida mais tarde. Sabe o que disse Eric Schmidt, ex-CEO do Google, em uma entrevista? Para ele, no futuro, os jovens de hoje terão o direito de mudar de nome na vida adulta, por causa da sua exposição desenfreada no furor da adolescência.[86] Isso porque, apesar de serem mais habilidosos com a tecnologia do que muitos adultos, por sua condição de seres em formação, não têm discernimento suficiente para compreender as exatas consequências de seus atos no "mundo virtual". Sem contar que nossas opiniões mudam com o tempo, e aquilo que hoje acreditamos ser bom amanhã pode ser visto de forma diferente. E, vamos combinar, as comunidades de que participamos com tanto prazer não são muito abertas a mudanças de opinião. Quando contrariadas, elas podem

---

[85] TÜRCKE, 2010.

[86] JOVENS..., 2010.

contribuir muito para o isolamento e até incentivar manifestações de ódio.[87]

Por isso, é importante ensinarmos nossos filhos a ponderar sobre a relação entre o que fazem e as consequências dos seus atos, inclusive quando praticados no ambiente virtual. Como bem aconselha o psicólogo Cristiano Nabuco, "pense bem antes de postar, não publique compulsivamente e, finalmente, tenha muita cautela com o que você pode estar fazendo, sem perceber, com a sua reputação digital".[88]

Boas notícias

Nem tudo são más notícias quando pensamos nesses impactos. Estudos revelam que as mídias e redes sociais podem promover o senso de comunidade e ajudar as pessoas a conseguirem suporte emocional, graças ao seu alcance quase universal e da capacidade sem precedentes de conectar pessoas de todos os campos. Também oferecem grandes oportunidades para inovação, aprendizado e criatividade, além de serem um meio de transmitir aos jovens informações úteis sobre saúde, uma vez que, em geral, eles são menos impactados pelas mídias tradicionais.[89]

Crianças e adolescentes podem aprender e apreciar diferentes perspectivas e visões para entenderem melhor o mundo ao seu redor e desenvolverem seu conhecimento em uma variedade de tópicos. Com tantas ideias compartilhadas em diversas plataformas, eles podem descobrir áreas de interesse e usar as plataformas para fins educacionais.

Além disso, as redes possibilitam aos jovens construírem e expressarem sua identidade em diferentes campos, inclusive o político, participando de campanhas para o bem público. Eles também

---

[87] NABUCO, 2020.

[88] NABUCO, 2020.

[89] CRAMER; INKSTER, 2017.

podem usar suas contas como currículos sob medida para compartilhar realizações, mostrar seus talentos e construir um portfólio on-line positivo, que pode beneficiá-los mais tarde na vida. Sem falar na possibilidade de cultivar relacionamentos interpessoais do mundo real, mantendo contato com amigos e familiares – aliás, estudos indicam que amizades fortes entre adolescentes podem ser aprimoradas pelas interações nas redes sociais.

Tudo na idade certa

Como vimos, as redes sociais, como Snapchat, Instagram, TikTok, Facebook, WhatsApp e YouTube, são divertidas e podem ser muito úteis, inclusive para a vida escolar, mas não são inocentes parques de diversão – aliás, se até os parques podem apresentar algum perigo para crianças pequenas sem a supervisão de um adulto, que dirá esse enorme e dinâmico universo chamado internet. Então, o que fazer? Proibir nossos filhos de usar?

Não acho que esse seja o melhor caminho. Assim como no caso do primeiro celular, é preciso orientá-los sobre o uso saudável e consciente das redes e basear as regras de utilização nos valores da sua família. Então, vale se perguntar: como lidamos com as regras aqui em casa? Respeitamos a faixa de pedestres? E a indicação do semáforo? Regras importam para a nossa família? Se sim, respeitar a classificação indicativa para ter um perfil em uma rede social também importa. É uma questão de coerência. Lembra-se daquele princípio de que na vida virtual deve-se fazer o mesmo que se faz na vida "real"? Pois é, ele vale aqui também.

A maioria das redes sociais aponta, de forma bem clara nos seus termos de uso, que a idade mínima para criar um perfil é 13 anos. Porém, as crianças vêm criando perfis nas redes sociais cada vez mais cedo, da mesma forma como tem acontecido com seu primeiro contato com a tecnologia, conforme conversamos anteriormente. É o que revela a pesquisa TIC KIDS Online. Segundo o levantamento, 28% das crianças de 9 a 10 anos de idade usaram redes sociais em

2019 – na faixa dos 11 a 12 anos, o índice foi de 51%.[90] Esses dados mostram que há muita criança abaixo da idade mínima indicada nos termos de uso dessas plataformas navegando livremente – com ou sem o consentimento dos pais e responsáveis.

Vale lembrar que, se uma rede social definiu um limite mínimo de idade, significa que os conteúdos divulgados na plataforma em questão podem não ser adequados para uma criança mais nova.

Mas, se seu filho já tem a idade mínima permitida para criar seu próprio perfil e você o vê preparado para esse importante passo, é preciso orientá-lo para que utilize as redes sociais de forma ética, segura e responsável. É preciso garantir que entendam a importância da privacidade e da segurança e os danos que a demasiada exposição na web pode causar a eles, hoje e no futuro.

Uma frase que gosto de usar para falar sobre o tema é "Com grandes poderes, vêm grandes responsabilidades", dita pelo tio Ben ao Peter Parker, no filme *Homem-Aranha*, lembra? Acho que ela cabe bem aqui, porque é importante que nossos filhos compreendam bem que tudo o que fazem no mundo virtual tem consequências, e caberá a eles lidar com elas.

Eu sei que há momentos em que acabamos extrapolando no uso do celular e das redes sociais, mas realmente devemos ficar muito atentos e assumir o controle disso. Para tanto, podemos usar o controle que muitos celulares têm. O sistema operacional móvel da Apple, iOS, por exemplo, emite diariamente um relatório que indica o tempo de uso do celular, inclusive em cada site e rede social. Claro que aprender a administrar o tempo passado nas redes é um desafio. Para mim também é. O que não podemos fazer é deixar de notar e admitir que muitas vezes temos sido dominados por elas e que precisamos agir para rever essa relação.

É difícil pensar em abandonar as novas tecnologias, já que elas estão cada vez mais presentes em tudo nas nossas vidas. Mas fazer uma "dieta digital" quando percebemos que estamos passando

---

[90] MIGON, 2020.

dos limites pode ser uma importante e sábia decisão.[91] A partir daí, estabelecer rotinas com um espaço para as tarefas digitais (ver e-mails, mandar mensagens, navegar e postar nas redes sociais etc.) e tempo para momentos livres, para trabalhar ou estudar, estar com familiares e amigos, fazer exercício e aproveitar a diversidade de experiências que a vida fora das telas oferece.[92] E, como funciona com as dietas alimentares, cada pessoa tem de estabelecer seu próprio regime. Sua família pode, por exemplo, definir que não será permitido olhar o celular durante as refeições e após as 22 horas. Ou que, nas férias, só será permitido entrar nas redes sociais uma vez por dia, para aproveitar o tempo livre (*veja mais dicas a seguir*).

Lembre-se, porém: nada é mais efetivo para você ajudar seu filho a aproveitar esses benefícios e se proteger dos perigos escondidos nas redes sociais do que o seu exemplo. É ele que serve como referência do que é certo e o que é errado, mais do que sermões ou conselhos. Você já parou para refletir sobre que tipo de pai/mãe seus filhos veem quando o(a) observam usando o celular e as mídias sociais?

É preciso estar bem consciente do seu papel como pai/mãe e, de fato, dirigir a educação dos filhos a partir da sua própria atitude. Participar da vida digital das crianças e dos adolescentes inclui direcioná-los no uso dos recursos tecnológicos, auxiliá-los a suprir o anseio por utilizar, bem como orientá-los a fazer parte desse "mundo digital" da forma mais ética, segura e responsável possível.

Enfim, esses são exercícios que precisamos fazer para – faço questão de reforçar mais uma vez – dominar a tecnologia, em vez de sermos dominados por ela. Nada de atitudes extremistas, mas realmente temos de aprender a viver e conviver bem com as redes sociais.

---

[91] SOMOS..., 2011.

[92] PLUHAR *et al.*, 2019.

MÃO NA MASSA

Dicas para tirar o melhor proveito das redes sociais (e escapar das armadilhas)

É sempre bom lembrar: o que vale para outros ambientes e ferramentas da internet também se aplica às redes sociais. Procure criar algumas rotinas em relação às redes sociais para toda a família – o exemplo é a melhor forma de conseguir adesão de todos. Sugestões do que você pode fazer[93]:

Estabelecer horários e ambientes livres de redes sociais. Durante as refeições, no caminho de ida e volta da escola, no banheiro ou na cama, pelo menos 60 minutos antes de dormir ou depois de acordar. Esses são lugares e momentos que podem ser usados para conversar com a família, relaxar ou simplesmente ficar sozinho consigo mesmo. Assim, conseguimos tirar de nossos filhos o triste hábito de ficar checando a cada segundo o que acontece nas redes. Você pode incentivá-los a desligar o celular três horas por dia ou a deixá-lo em um cômodo diferente quando estiver em casa.

Definir um dia sem redes sociais na semana ou um final de semana no mês. Apesar de não livrar ninguém do hábito de navegar pelas redes sociais, essa pausa ajuda a mostrar aos nossos filhos (e a todos os membros da família, incluindo nós mesmos) que há muita coisa interessante para fazer fora das redes sociais.

Seguir seus filhos nas redes sociais e ficar atento ao que postam, curtem, comentam e compartilham. Isso é importante

---

[93] PARENT..., 2021; A TEENS..., 2021; BEN-JOSEPH, 2018; POMERANTZ, 2019.

para estar seguro de que todos os valores, regras e combinados da família estão sendo cumpridos. Também ajuda a mantê-los mais seguros, porque você pode perceber o que realmente se passa na cabeça deles, ver as interações com outros usuários e orientá-los sobre como lidar com situações que podem trazer problemas, como comportamentos inadequados e postagem de informações pessoais. Se perceber que a personalidade on-line do seu filho é muito diferente do que é visto off-line, você pode conversar com ele, perguntar sobre os motivos e explicar que nossos perfis nas redes sociais dizem muito sobre nós e podem passar uma impressão errada. Só não vale "puxar orelha" na rede social nem postar comentários embaraçosos. Seria muito ruim para a relação entre pais e filhos, além de um mau exemplo, que poderia culminar na prática de *cyberbullying* por terceiros. Mas preciso lhe contar: alguns adolescentes criam mais de um perfil em uma mesma rede social. Um para aceitarem seus pais como "amigos" e outro "pra galera".

Definir as configurações de privacidade e mais. Além de configurar os controles parentais e as ferramentas de privacidade, conforme já mencionei nos capítulos anteriores, cabe a nós orientar nossos filhos a desativarem as notificações de atividades das redes. Ver aqueles sinais de notificação nos aplicativos faz com que fiquem ligados o tempo todo e em tudo o que acontece nas redes sociais. Sem isso, fica mais fácil resistir ao impulso de olhar o tempo todo e não deixar que as redes atrapalhem sua rotina diária. Também existem aplicativos que bloqueiam por tempo determinado as redes sociais e outros sites que possam estar distraindo a atenção da criança ou do adolescente, como o Freedom, o FocusMe e o Cold Turkey. Importante: o Facebook permite que os usuários ocultem certas postagens dos pais ou de outros adultos. Então, fique atento para perceber se seus filhos estão filtrando as postagens que você vê. Aliás, é bem comum que criem diversos perfis diferentes nas redes, daí a importância do diálogo contínuo.

Estimular seus filhos a realizarem atividades off-line. Eles precisam praticar esportes, ficar mais tempo ao ar livre, passar mais tempo com amigos e familiares ou até mesmo ler ou aprender algo novo, como tocar um instrumento. Você também pode reservar uma hora todas as noites para conversarem, caminharem ou jogarem algo juntos sem distrações. Isso ajuda a criar uma relação de confiança entre vocês e favorece o diálogo.

Ensiná-los a evitar a exposição excessiva nas redes. É preciso que aprendam a aproveitar, desfrutar e valorizar a presença de um amigo ou o fato de estarem num lugar bonito, sem interromper para tirar fotos e postar o tempo todo.

Manter uma comunicação aberta. Isso vale para tudo, mas especialmente para a vida digital. Sem diálogo, com medo de ser recriminado ou punido, seus filhos podem desenvolver um comportamento isolado ou rebelde. Como descrevi no Capítulo 1, é normal que, na adolescência, os jovens queiram testar os limites e façam coisas que os pais não aprovam. É importante entender e respeitar essa característica e, como pai ou mãe participativos, reforçar que podem falar com você sobre qualquer coisa, sem julgamentos. Procure conversar com eles francamente sobre os riscos das redes sociais. Mesmo que mal respondam ou digam "eu sei, eu sei", estão ouvindo o que você tem a dizer, o que contribui para estabelecer a comunicação entre vocês e lembrá-los de suas conversas em um eventual momento de desconforto ou perigo.

Evitar compartilhar fotos ou informações sobre seus filhos sem autorização ou em excesso. Lembre-se de que, mesmo que você tenha as melhores intenções, pode expor seus filhos ou prejudicar sua pegada digital no futuro. A confiança deve ser a base do relacionamento na família. E disso ninguém escapa, nem as celebridades. A atriz Gwyneth Paltrow, por exemplo, postou uma foto com a filha Apple, de 14 anos, nas suas redes sociais e acabou levando um puxão de orelha público da menina.[94]

Como lidar com os haters

Infelizmente, as redes sociais e a internet estão cheias de pessoas que fazem questão de publicar postagens negativas, maldosas e até ofensivas contra outros usuários, por meio de comentários públicos ou mensagens privadas. São chamadas de haters (ou odiadores, em bom português). Em geral, o hater é uma pessoa que se incomoda com o sucesso, as conquistas ou a felicidade dos outros e então destila seu ódio contra seus alvos – que podem ser pessoas famosas ou não. Às vezes, esses ataques são tão intensos que podem causar traumas ou até consequências mais sérias, como aconteceu com Lucas Santos, adolescente de 16 anos que acabou por tirar a própria vida após ter sido atacado por haters por causa de um vídeo publicado no TikTok.[95]

Por isso, é importante conscientizar nossos filhos sobre a existência desses haters e orientá-los a respeito do que fazer para se

---

[94] FOTOS..., 2019.

[95] VICENTINI, 2021.

proteger de ataques nas redes sociais. Algumas dicas sobre o que pode ser feito para não ter de lidar com comentários maldosos é:

- Não postar conteúdos sensíveis e polêmicos;
- Restringir o acesso aos perfis nas redes sociais a um determinado grupo de pessoas de confiança;
- Bloquear os comentários nas postagens.

Caso não seja possível restringir o acesso aos perfis ou se seus filhos assumirem o risco de deixar os comentários abertos, de forma consciente, minha sugestão é que você os oriente a se aterem às próprias convicções e a serem fortes o bastante para ignorar esse tipo de pessoa. E, mais importante, procure deixar claro que atitudes extremas e intempestivas não devem ser consideradas opções e que você está e estará sempre ao lado deles para enfrentarem juntos o que tiverem de enfrentar.

Muitas vezes, os jovens tomam atitudes extremas devido ao medo ou pela angústia de encarar os pais e contar o que fizeram para desencadear os ataques dos haters. É muito importante que a família seja um ponto de apoio e não mais um local de enfrentamento para os jovens (*ver mais detalhes sobre esta questão no Capítulo 7, que trata de* bullying *e* cyberbullying).

Sintomas do vício em redes sociais

Considera-se vício aquela atividade que afeta a vida e o estado emocional da pessoa de uma forma que acaba causando prejuízos nos campos profissional, familiar, afetivo ou social. Veja a seguir alguns indícios que devem ligar o sinal de alerta em relação ao uso das redes sociais:

1. Sentir a necessidade de estar conectado o tempo todo, mesmo em momentos inadequados, como durante as aulas e as refeições, no horário de dormir ou enquanto caminha.

2. Ter alterações de humor durante os acessos, seja por achar que a vida dos outros é melhor do que a sua, seja por não ter curtidas, *retweets* ou visualizações.
3. Atualizar constantemente o status e o perfil nas redes.
4. Apresentar comportamento agressivo ou negativo quando não pode se conectar.
5. Ter mais relacionamentos virtuais que reais e preferir se comunicar com amigos e familiares por meio de redes sociais, em vez de pessoalmente.
6. Perder horas de sono, descanso, estudo ou lazer para estar conectado.
7. Querer compartilhar tudo o que faz nas redes, até as mínimas coisas do cotidiano, e fazer *check-in* em cada local que visita.
8. Checar as notificações a todo instante.
9. Sentir a síndrome da vibração fantasma, ou seja, que o celular está vibrando mesmo quando não está.
10. Deixar de conversar com as pessoas que estão na sua presença para ficar olhando as redes sociais.
11. Perder regularmente a noção de tempo enquanto utiliza as redes sociais, esquecendo-se do que está acontecendo ao seu redor.
12. Consultar as redes sociais assim que se levanta e antes de se deitar.

Dependência digital não é legal

QUADRO 3 | Teste de dependência da internet

O Programa para Dependentes de Internet do Programa Ambulatorial dos Transtornos do Impulso (PRO-AMITI), do Instituto de Psiquiatria do Hospital das Clínicas, da Faculdade de Medicina da USP, oferece um teste gratuito on-line para verificar se a pessoa é dependente da internet. A resposta aparece automaticamente após o usuário responder as 20 questões propostas.

Trata-se de uma boa ferramenta para avaliarmos se nossos filhos, nós mesmos ou algum familiar ou amigo apresentam algum grau de dependência da internet e das redes sociais. Para fazer o teste, basta acessar o endereço:

Teste de dependência da internet – PRO-AMITI

Como fazer uso seguro das redes sociais

Existe uma série de recomendações, elaboradas com base nas pesquisas mais recentes, para que nossos filhos naveguem de forma segura nas redes sociais.[96] A partir dessas recomendações, você pode até fazer mais um "contratinho" específico para esse tema, nos moldes daquele que sugeri no Capítulo 2, que podem firmar e com o qual devem se comprometer, arcando com as consequências no caso de

---

[96] TIPS FOR..., 2017; A TEENS..., 2021.

deixarem de cumprir algum item. Confira algumas sugestões que trouxe para lhe inspirar na construção do seu próprio acordo:

Seja você mesmo. Não deixe amigos ou estranhos pressionarem você a ser alguém que não é. Conheça seus limites. Você pode dominar as ferramentas da internet, mas as pessoas e os relacionamentos mudam e coisas inesperadas podem acontecer no universo digital.

Seja legal on-line. Ou pelo menos trate as pessoas da maneira como você gostaria de ser tratado. Pessoas desagradáveis e agressivas on-line correm maior risco de intimidação ou assédio. Se alguém for agressivo com você ou lhe fizer mal nas redes, tente não reagir ou revidar e converse com um adulto de confiança ou um amigo que possa ajudar. Use ferramentas de privacidade para bloquear esse tipo de pessoa. Como é comum dizer nas redes, "*block* é vida".

Pense antes de postar. Compartilhar fotos provocativas ou detalhes íntimos nas redes pode causar problemas mais tarde. O mesmo vale para comentários negativos e desabafos sobre coisas que aconteceram com você. Tudo o que é publicado na internet fica lá para sempre e pode, de uma forma ou de outra, ser visto por qualquer pessoa – e, pior, copiado, recortado, alterado, colado. E até quem hoje você considera amigo pode usar essas informações contra você, em momentos de raiva ou rompimento. Por isso, mantenha as informações privadas ao máximo e nunca forneça seu número de telefone ou endereço. Se quiser compartilhar essas informações com um amigo, faça por mensagem de texto direta.

Mantenha suas senhas privadas. Não compartilhe sua senha, nem mesmo com amigos, para não correr o risco de ter conteúdos publicados em seu nome indevidamente, ainda que "por brincadeira". Procure usar uma senha que você consiga lembrar, mas que ninguém consiga adivinhar. Também é importante habilitar a opção de confirmação de senha em duas etapas, para barrar as tentativas de acesso de pessoas mal-intencionadas.

Fique esperto e procure perceber nas entrelinhas. Mensagens com elogios ou de apoio podem ser enviadas para manipular seus sentimentos. É legal conhecer pessoas novas, mas nem todo mundo é o que parece. Algumas pessoas são "fofas" nas redes sociais só porque estão tentando conseguir algo de você.

Não converse sobre sua vida com estranhos. É importante ter cuidado ao interagir com pessoas que você não conhece pessoalmente. Se a conversa incluir temas sexuais ou detalhes do seu corpo, ou se a pessoa enviar ou pedir fotos íntimas, interrompa a comunicação imediatamente e fale com seus pais ou um adulto da sua confiança.

Não aceite convites para encontrar-se pessoalmente com estranhos. Nunca marque um encontro pessoalmente com pessoas que você conhece apenas nas redes sociais. Afinal, mesmo que pareça que você as conheça, você não sabe quem elas são na realidade – sim, as pessoas mentem, e muito, na internet. Se você realmente quiser se encontrar com algum amigo virtual, nunca vá sozinho. Marque o encontro em um local público, conte a seus pais ou a alguma outra pessoa de confiança e leve junto alguns de seus amigos.

Seja inteligente ao usar um smartphone. Não forneça seu número e sua localização física a quem não for da sua família ou do seu círculo próximo de amigos. Desabilite os serviços de localização das redes sociais ao postar fotos e, de preferência, só diga que saiu de férias ou poste fotos das suas viagens depois que estiver de volta em casa. Proteja seu telefone com um PIN, senha, impressão digital ou reconhecimento facial e cadastre-se no iCloud ou no Android Find My Device para que possa localizar ou apagar remotamente seu celular, caso ele seja perdido ou roubado.

Não compare sua vida com o que os outros postam. As pessoas costumam postar apenas fotos e histórias felizes on-line e não compartilhar seus momentos chatos ou tristes e as fotos ruins. Por isso, não dá para achar que a vida real é a que está nas redes e que os outros têm uma vida melhor do que você, com base só no que postam.

Ajuste suas configurações de privacidade. Para evitar exposição pública, ajuste suas configurações de privacidade para que só seus amigos possam ver suas postagens – até a configuração "Amigos de amigos" pode deixar você exposto e vulnerável. E você pode ainda criar diferentes níveis de visualização em algumas redes, como no Facebook.

Seja cauteloso com os pedidos de amizade. Aceite apenas pedidos de amizade de pessoas que você conheça no mundo real. Sempre que receber um novo pedido, visite o perfil da pessoa e verifique se já a conhece. Se algo parecer suspeito, exclua o convite. Pedidos de amizade de estranhos podem esconder perfis falsos, de pessoas mal-intencionadas ou *bots* de *spam*.

AGORA SENTE AQUI, VAMOS CONVERSAR

Como já conversamos anteriormente, as redes sociais, assim como a internet de modo geral, proporcionam muitas coisas boas, desde que saibamos usá-las de forma saudável e inteligente, sem nos deixar guiar pelos algoritmos e pelas artimanhas usadas para conquistar nosso cérebro, conforme falamos há pouco.

Por isso, sugiro a você conhecer experiências de pessoas que fizeram um detox das mídias sociais para retomar o controle do próprio tempo e da própria vida. Há vários depoimentos na internet, como o de uma blogueira brasileira, Fernanda Neute,[97] que se propôs a ficar cinco dias sem redes sociais. E olha que ela é uma *influencer*, ou seja, trabalha e respira o digital. É muito interessante ver como, depois de penar um pouco com a quebra do hábito (ou vício mesmo, como ela própria afirma) de olhar as redes o tempo todo, ela enxerga as armadilhas no dia a dia e consegue transformar seu modo de usar essas ferramentas

---

[97] NEUTE, 2016.

em algo mais saudável e benéfico para sua vida. Ela compartilha várias dicas que podemos usar na orientação dos nossos filhos – e até aplicá-las para nós mesmos. Afinal, como já falamos, o exemplo conta mais que as palavras.

Se bem utilizadas, as redes sociais podem ser muito úteis. O nosso desafio como pais e mães é saber aproveitá-las da melhor forma, para que possamos ensinar os nossos filhos a fazerem o mesmo, não permitindo que sejamos, tanto eles quanto nós, abduzidos por elas. ■

QUADRO 4 | **Detox em família**

A organização norte-americana Connecticut Children's Medical Center, dedicada à saúde de crianças e adolescentes, fez uma matéria com várias dicas para uma desintoxicação digital em família. Que tal propor um desafio com sua família?

10 maneiras de fazer com que seu filho adolescente (e família) experimente uma desintoxicação digital
- Connecticut Children's

As redes sociais, assim como a internet de modo geral, proporcionam muitas coisas boas, desde que saibamos usá-las de forma saudável e inteligente.

Change directory.
Volume in drive C is
Volume Serial Number is

Directory of C:\Windows\System

04/09/2008 05:52 PM
04/09/2008 05:56 PM
04/09/2008 06:05 PM
04/09/2008 06:15 PM
04/09/2008 06:34 PM
05/07/2007 06:07 AM
05/07/2007 06:07 AM
                    ? File(s)
                    0 Directory

CAPÍTULO 5

Crimes e ilícitos cibernéticos

Ora vítimas, ora infratores

Seria maravilhoso se a internet fosse uma ferramenta que só pro-porcionasse experiências positivas e incríveis, como facilitar a comunicação entre as pessoas, ampliar o acesso à informação, ofe-recer entretenimento de qualidade (como músicas, vídeos, filmes, livros e obras de arte) e proporcionar jogos e estudo on-line, entre muitos outros benefícios. Só que, como mencionei nos capítulos anteriores, infelizmente essa ferramenta fantástica também é usada por pessoas mal-intencionadas para cometer crimes – que incluem aqueles que já eram praticados na vida off-line e outros novos, cria-dos justamente para aproveitar as facilidades e as características das novas tecnologias.

Não pense que estou exagerando. Veja que dado assustador: em 2020, a Central Nacional de Denúncias de Crimes Cibernéti-cos recebeu mais de 156 mil denúncias anônimas sobre crimes de pornografia infantil, racismo, neonazismo, intolerância religiosa, apologia e incitação a crimes contra a vida, homofobia e maus-tratos contra os animais, todos cometidos pela internet.[98]

---

[98] DENÚNCIAS..., 2021.

E tem mais. O Brasil está em terceiro lugar em um *ranking* mundial[99] de ataques por IoT (*Internet of Things*, internet das coisas) e em quarto lugar em ataques de *ransomware* (*veja os diferentes tipos de ataques cibernéticos na segunda parte deste capítulo*). Dos e-mails que circulam no país, 60,8% são *spam* e 35,7% contêm ameaças – a terceira maior taxa mundial.

Mas esse não é um problema só do Brasil[100]:

- A cada 39 segundos, ocorre um ataque cibernético no mundo;
- 75% dos ataques cibernéticos começam com um e-mail;
- 21% dos usuários on-line são vítimas de *hacking*;
- 11% dos usuários on-line foram vítimas de roubo de dados;
- O crime organizado é responsável por 55% dos ataques;
- 37% das violações de perfis usaram senhas roubadas ou fracas e 25% envolveram *phishing*.

Os criminosos não dormem mesmo em serviço. Eles tiram proveito do interesse e da curiosidade das pessoas por determinado assunto ou situação para agir. No início da pandemia do novo coronavírus, de janeiro a abril de 2020, a Organização Internacional de Polícia Criminal (Interpol) registrou cerca de 907 mil mensagens de *spam*, 737 incidentes relacionados a *malware* e 48 mil URLs maliciosas relacionadas à covid-19.[101] Sem contar as *fake news* que circularam sobre o tema (*ver mais sobre* fake news *no Capítulo 8*). A Interpol aponta que esse tipo de crime cibernético deve aumentar em um futuro próximo, com um pico nas ações de *phishing*, bem como de invasões de redes e ataques para roubo de dados.

O trabalho remoto também contribui para isso. Sim, porque em casa as pessoas, em geral, não têm acesso aos mesmos recursos de cibersegurança das empresas – quem nunca se esqueceu de atualizar

---

[99] SYMANTEC CORPORATION, 2019.

[100] THE 2020..., 2020.

[101] INTERPOL..., 2020.

o antivírus? Além disso, muitas famílias têm entre seus membros crianças e adolescentes com acesso a dispositivos conectados à internet, o que pode representar uma porta de entrada a *hackers*, como conversaremos adiante.

Mas, calma, não precisa sair correndo para tirar o aparelho do seu filho. É verdade que, infelizmente, em qualquer ambiente, não há como eliminarmos todos os riscos, e na internet não é diferente. Contudo, como sempre digo em minhas palestras, o segredo para minimizarmos esses riscos e protegermos nossa família dessas ameaças é a educação, a consciência digital. E ela começa com informações sobre o que são os crimes cibernéticos e como eles são executados.

O que são crimes cibernéticos

Existem dois tipos de crimes cibernéticos: aqueles que até poderiam ser cometidos sem o uso da tecnologia, mas os criminosos preferem utilizar um computador ou outro dispositivo conectado em rede como ferramenta para praticar suas ações ilícitas (on-line ou off-line), porque esses dispositivos têm maior escala e velocidade; e os que só podem ser cometidos com o uso de um computador, um servidor, uma rede ou outra forma de tecnologia de informação e comunicação (*ver quadros detalhados na segunda parte deste capítulo*).

A maioria desses crimes é cometida por cybercriminosos ou *hackers* altamente capacitados nos recursos informáticos.[102] Mas é importante deixar claro que não são apenas *hackers* ou bandidos que cometem crimes virtuais. Muitas pessoas "comuns" acreditam que o universo digital seja um ambiente fora do alcance da lei e que elas possam dizer o que bem pensam, doa a quem doer sob o princípio da liberdade de expressão. Assim, enviam ameaças por e-mail, acusam outros de crimes ou atos que não praticaram, escrevem *posts* com agressões e comentários desrespeitosos a respeito da cor, etnia, religião, opinião política etc. São os famosos haters, que mencionei

---

[102] DICAS..., 2021.

no capítulo anterior. Basta você navegar pela sua *timeline* e pelos comentários nas redes sociais para ver a quantidade de ilícitos ali cometidos. Pode ter certeza de que quem faz esse tipo de coisa acredita mesmo que suas ações ficarão impunes.

Em muitos casos, é possível mesmo não haver punição. No entanto, não é porque a internet é uma ferramenta relativamente nova que a lei não se aplica ao que se faz nesse ambiente. Quando alguém usa um dispositivo eletrônico, seja computador, tablet ou celular, para a prática de algum crime, está sujeito a ser punido de acordo com as leis já existentes. Afinal, crimes de calúnia, injúria, difamação e ameaça, só para citar alguns exemplos, podem ser praticados tanto no mundo físico quanto no virtual, o que muda é a ferramenta usada e o ambiente. E, nas duas situações, o criminoso pode ser punido.

Por isso, 95% dos crimes e delitos cometidos por meio eletrônico já estão tipificados no Código Penal brasileiro, já que são ilícitos comuns praticados por meio da internet. Os 5% restantes são delitos que só existem no mundo virtual,[103] como invasão de sistemas e ataques a servidores. Entre os principais objetivos desses ataques estão: roubo de identidade para uso em fraudes diversas; roubo de dados financeiros para transferir valores para os criminosos ou compras não autorizadas; roubo e venda de dados corporativos; extorsão cibernética, em que os criminosos exigem dinheiro para impedir um ataque a um computador, rede ou site; *cryptojacking*, que é o uso do computador de terceiros para coletar criptomoedas; espionagem de dados de governos ou empresas.[104] Mas mesmo esses delitos podem ser, muitas vezes, enquadrados na legislação em vigor em nosso país.

O grande problema quando se fala de crime é o grau de exposição a que estamos sujeitos no mundo virtual. Muito sobre nossas vidas hoje está armazenado em servidores de instituições financeiras, órgãos do governo, entidades de ensino, sem falar nas redes sociais, nas quais, não raramente, nos expomos sem notar os riscos

---

[103] CASSANTI, 2014.

[104] DICAS..., 2021.

envolvidos. Além disso, a internet, por seu alcance, possibilita que os criminosos atinjam um maior número de pessoas, o que faz com que suas ações sejam muito mais "rentáveis".

Quando o alvo são crianças e adolescentes

Infelizmente, nossas crianças e adolescentes entram na mira desses criminosos assim que passam a ter acesso à internet. E eles, por tudo o que temos conversado por aqui, são particularmente vulneráveis e acabam por confiar demais nos outros, também no ambiente virtual.

Além disso, por mais que saibam manejar as novas tecnologias, não dispõem do conhecimento e da sensibilidade necessários à percepção e à reação diante de ataques e estratégias de engenharia social. Cientes disso, os criminosos aproveitam para entrar em contato com crianças e adolescentes nos ambientes em que são mais ativos – nas redes sociais, nos sites de *streaming* de vídeo e nos *chats* de videogame on-line.

Por isso, é muito importante nos manter atentos e informados acerca das mudanças e novidades que acontecem no ambiente digital que nossos filhos frequentam. Quando somos proativos e estamos bem-informados sobre os riscos e os "ataques" do momento, é mais fácil mantê-los menos vulneráveis on-line.

No caso de crianças e adolescentes, os crimes cibernéticos mais preocupantes são aqueles que envolvem a sua integridade física e psicológica. Um exemplo é o aliciamento por pessoas envolvidas com crimes de ódio e radicalização on-line. Hoje, extremistas políticos e religiosos utilizam a internet para divulgar suas ideologias e radicalizar os jovens. Outros são a pornografia infantil e o *cyberbullying*, que podem ter consequências muito sérias para o seu desenvolvimento. Além disso, eles são mais vulneráveis às *fake news* e ao compartilhamento de conteúdos que violam direitos autorais e de privacidade – o que, muitas vezes, faz com que passem da condição de vítimas para a de infratores. Esses temas são tratados com mais profundidade em capítulos específicos neste livro, justamente porque são as ameaças às quais nossas crianças e adolescentes estão mais vulneráveis (*veja os Capítulos 6, 7, 8 e 9*).

Conheça agora os principais crimes cibernéticos e suas penas, os tipos mais comuns de ataques na internet e o que podemos fazer para proteger os dados e dispositivos de todos os membros da família, especialmente dos mais novos.

MÃO NA MASSA

Como se proteger de crimes cibernéticos

Crimes reais e sua versão virtual

Eu elaborei uma tabela, que pode ser acessada por QR Code, com exemplos práticos de alguns tipos de ações comuns na internet que são consideradas crimes pela nossa legislação – e que, por isso, podem ter consequências bem reais para quem as pratica. É uma ferramenta muito útil, que pode nos apoiar quando precisamos conversar com nossos filhos sobre o que podem ou não fazer enquanto navegam.

Tabela de condutas

Como os criminosos atuam

Para minimizarmos os riscos de alguém da nossa família ser alvo de um crime cibernético e orientar nossos filhos a navegar com segurança, é importante conhecermos os mecanismos mais usados pelos criminosos.[105]

Ataques de *malware*: acontecem quando um sistema ou uma rede de computadores é infectado por um vírus ou outro tipo de software malicioso (*malware*). Em geral, os *hackers* usam esse tipo de ação para roubar dados confidenciais, controlar o computador comprometido para disparar campanhas de *spam* ou realizar ataques (como invasões/derrubada de rede ou chantagem).

Phishing: trata-se do envio de e-mails com campanhas de marketing falsas, cujo objetivo é induzir o receptor a clicar em um anexo infectado ou em um *link* que o redireciona para um site malicioso, para roubar seus dados pessoais. Outro tipo de mensagem de *phishing* muito comum é aquela que solicita que o destinatário forneça informações confidenciais para resolver um problema no banco ou nas redes sociais, por exemplo. Essa forma de manipular as emoções dos usuários para espalhar vírus e *malware* é chamada de engenharia social. As crianças e os adolescentes são muito suscetíveis a esses truques, em especial quando envolvem as redes sociais e elementos do seu universo (games, celebridades etc.).

Spear-phishing: é uma campanha de *phishing* direcionada, que tem como objetivo induzir pessoas específicas a comprometerem a segurança da organização em que trabalham ou estudam. Nesse caso, as mensagens costumam ser montadas para parecer que foram escritas pelo CEO ou gerente de TI da empresa, sem indícios visuais de que são falsas.

Ataques DDoS: nos ataques DDoS (*Distributed Denial-of-Service*, "de negação de serviço distribuído", em português),

---

[105] DICAS..., 2021.

os cybercriminosos procuram paralisar um sistema ou uma rede, às vezes com o uso de dispositivos conectados ao que chamamos de internet das coisas (IoT – *Internet of Things*). Para isso, recorrem a protocolos de comunicação padrão para enviar numerosas solicitações de conexão por *spam* ao sistema e sobrecarregá-lo. Muitas vezes, o objetivo é usar a ameaça de um ataque DDoS para exigir dinheiro ou realizar o ataque como tática de distração para encobrir outro tipo de crime cibernético. Também é bastante utilizado como forma de prejudicar os negócios ou a imagem pessoal da vítima.

Botnets: são redes de dispositivos robóticos usados por *hackers* e criminosos para invadir e controlar dispositivos conectados à internet – inclusive utensílios domésticos inteligentes, como TVs, relógios, câmeras e outros, comuns com a disseminação da internet das coisas. Um sinal de que seu dispositivo pode ter um *botnet* é apresentar desempenho lento ou travar com frequência.

Ransomware: é um software malicioso que "sequestra" os dados do seu dispositivo, os quais só são liberados mediante o pagamento de um resgate. Por meio do *ransomware*, *hackers* conseguem bloquear seu computador e criptografar os dados ali armazenados. O objetivo é que a vítima não consiga mais ter acesso a eles, a não ser que pague o "resgate".

Onde os cybercriminosos mais abordam crianças e adolescentes[106]

Os cybercriminosos se aproveitam dos ambientes e ferramentas mais populares entre crianças e adolescentes para entrar em contato com eles. Veja como fazem isso:

---

[106] PARENTS'..., 2018.

Compartilhamento anônimo: aplicativos que permitem o compartilhamento anônimo, muito populares entre os adolescentes, são usados por cybercriminosos e agressores, que fazem capturas de tela e tiram fotos de informações e imagens antes que elas desapareçam, para usar esse conteúdo para fraudes ou chantagens. Por isso, é importante definir com nossos filhos que tipo de informações podem compartilhar e orientá-los para ficarem atentos a mensagens com *links* ou anexos potencialmente maliciosos.

Mensagem direta: as mensagens diretas são usadas por criminosos para enviar *links* que direcionam para sites de *phishing* e downloads com vírus e *malwares*. Por isso, é importante orientarmos nossos filhos a não clicar em mensagens de remetentes desconhecidos ou que solicitem informações pessoais, principalmente naquelas que dizem que a conta será bloqueada ou excluída se não for feita uma ação específica.

***Streaming* de vídeo:** aqui, o perigo não são os vídeos em si, mas outros recursos dessas plataformas, como *links* nos comentários, nos anúncios ou na descrição de vídeo. Então, é importante orientá-los sobre essas áreas problemáticas dos sites e as ferramentas de controle de privacidade, que filtram conteúdo impróprio e conteúdos suspeitos.

Redes sociais e *chats* de games: praticamente todas as plataformas de jogos on-line têm alguma ferramenta de comunicação entre os usuários, como mensagem direta ou *chat*. Além disso, jogos como *Minecraft* permitem que os usuários criem seus conteúdos e os compartilhem com outras pessoas. Como nos sites de *streaming*, o problema não é o jogo em si, mas as armadilhas criadas pelos *hackers* para direcionar os usuários para sites maliciosos, o que é feito com anúncios em *pop-ups* ou *links* de bate-papo que oferecem moedas, avatares e atualizações gratuitas, bem como *pop-ups* que pedem *login* e senha para continuar o jogo. Além de configurar as preferências de privacidade para permitir o uso da ferramenta de *chat* apenas entre amigos, não podemos deixar de alertar nossos pequenos sobre o famoso conceito "bom demais para ser verdade". Em geral, ofertas que são boas demais para serem verdade são armadilhas mesmo.

Como se proteger de crimes cibernéticos

A proteção contra os crimes cibernéticos envolve adotar no mundo on-line os mesmos comportamentos e medidas que nos mantêm seguros off-line, bem como tomar alguns cuidados especiais com os mecanismos da internet. Veja aqui o que especialistas em cibersegurança recomendam e que devemos fazer e também compartilhar com nossos filhos, para que não sejam alvo de criminosos.[107]

Manter o software e o sistema operacional atualizados em todos os dispositivos da sua família. Assim, você garante que seus computadores, celulares e outros equipamentos estejam protegidos pelas correções de segurança mais recentes.

Ter sempre um programa antivírus atualizado no seu computador. O antivírus possibilita a verificação, detecção e remoção de potenciais ameaças antes de elas invadirem seu computador e causarem algum problema.

Usar senhas fortes e mantê-las sempre seguras. Prefira combinações complexas, mais difíceis de adivinhar – por exemplo, que unam letras, números e "símb#l@s" –, e não as deixe registradas no seu computador. Também procure criar senhas diferentes para cada conta ou aplicativo e mudá-las com frequência. Você pode

---

[107] DICAS..., 2021; PARENTS'..., 2018; SAFEGUARDING..., 2021.

usar um gerenciador de senhas de confiança para criar senhas fortes aleatoriamente. Se puder usar senhas biométricas, que solicitem a impressão digital, uma confirmação por voz ou a leitura do rosto ou da íris, opte por elas – desde que você se certifique, antes, de que esteja fornecendo esses dados sensíveis a uma pessoa (física ou jurídica) de sua confiança. Além disso, é recomendável habilitar a autenticação de dois fatores para o processo de *login* das suas contas de e-mails, redes sociais e aplicativos de mensagem. Evite realizar seus acessos em dispositivos desconhecidos. Eles podem estar infectados e, assim, você corre o risco de ter seus dados roubados. Por último, ao terminar de usar um site, qualquer que seja o dispositivo, faça *logout* sempre.

Nunca abrir anexos em e-mails de *spam*. Ou de remetentes que você não conheça. Esse é um dos métodos mais usados para infectar computadores com vírus e *malwares*. Se for instalar um aplicativo no seu dispositivo, pesquise sobre ele antes de baixá-lo, para ter certeza de que é confiável. Essa também é uma das formas usadas por *hackers* para invadir computadores de terceiros. Além disso, não dê permissões desnecessárias a qualquer aplicativo, para evitar que acesse seus dados pessoais, e mantenha somente aqueles que você realmente usa. Quanto menos aplicativos e programas você precisar baixar, menores serão as chances de infecção.

Não clicar em *links* de e-mails de *spam* ou de sites desconhecidos. Isso vale para mensagens e *links* enviados por pessoas que você não conhece. E se receber alguma mensagem estranha de alguém ou de alguma organização que você conhece, com erros de escrita ou logotipos e cores diferentes do habitual, por exemplo, antes de clicar, confirme com a pessoa ou com a organização (mandando um e-mail ou ligando diretamente) se foi ela mesma quem mandou. Criminosos costumam invadir contas alheias para disfarçar os ataques. Mas, às vezes, são menos engenhosos e "apenas" criam contas falsas.

Não fornecer informações pessoais por telefone, e-mail e aplicativos de mensagens. Só faça isso se tiver absoluta certeza de que é seguro e você está falando com a pessoa certa. O ideal é desligar quando receber uma ligação de uma empresa pedindo dados pessoais e ligar para o número que consta do site oficial da empresa, se possível de um telefone diferente. Como os cybercriminosos podem bloquear a sua linha e se passar pela empresa, é uma maneira de termos ter certeza de que estamos falando com a organização correta.

Prestar sempre atenção às URLs dos sites que acessar ou dos *links* em que pretende clicar. Passe sempre o mouse sobre qualquer *link* antes de clicar e verifique se a URL está correta. Não clique nunca em URLs estranhas, que pareçam falsas ou tenham nome diferente da empresa ou do site que você quer acessar. Certifique-se de que a ferramenta de proteção para transações on-line esteja ativada antes de acessar o site do seu banco ou fazer compras pela internet. Também evite navegar em páginas não seguras, que comecem com HTTP em seu endereço URL. Os sites seguros começam com HTTPS. Ao acessar sites de instituições financeiras, sempre digite o endereço no navegador. Nunca clique em um *link* na página da ferramenta de busca e no corpo de um e-mail ou mensagem.

Evitar usar redes de wi-fi gratuitas. Em geral, elas não são seguras e podem ser usadas por *hackers* para invadir seu dispositivo. Muitas são criadas, justamente, com o objetivo de roubar dados. Prefira usar redes conhecidas ou particulares.

Valer-se de softwares de controle parental. Como já falei e repeti, embora nada substitua o acompanhamento e o diálogo, essa deve ser uma das primeiras providências a se considerar quando nossos filhos começam a navegar na internet. Lembre-se de configurar os controles em todos os dispositivos da família que são usados por seus filhos. Com isso, você consegue monitorar as atividades on-line do seu filho e evitar que ele seja vítima de criminosos ou execute alguma prática que possa ter consequências legais, como o compartilhamento não autorizado de fotos, músicas e documentos, envolvimento em apostas em videogame etc.

Ser transparente quando o assunto é segurança na internet. Nossos filhos precisam saber que há gente mal-intencionada na internet e que algumas atividades on-line são mais seguras do que outras. Ou seja, procure adotar para o mundo virtual as mesmas regras de segurança que você tem no mundo real. Assim, fica mais fácil as crianças entenderem a seriedade desse tema e os perigos existentes on-line e off-line. Sempre com uma linguagem simples, muito afeto e equilíbrio, para que se sintam seguros, confiem em você e não fiquem apavorados nem pensem que a ideia é espionar o que fazem, mas protegê-los. E, se por acaso acabarem clicando em algo errado e o dispositivo for infectado por um vírus, evite ter uma reação exagerada. Isso só vai fazer com que da próxima vez não contem a você caso se depararem com algo estranho ou tenham um problema.

Mostrar na prática como funciona. Alguns conceitos de segurança podem ser complicados, especialmente para crianças que estão começando a navegar na web. Então, procure mostrar a seus filhos e-mails de *spam* e sites não confiáveis para explicar a que devem ficam atentos para não serem vítimas dos cybercriminosos. É importante entrar nas redes sociais e mostrar como podem ajustar as configurações de privacidade e o que fazer diante de anúncios e mensagens indesejadas.

> **Manter uma cópia dos seus dados e documentos importantes.** Pode ser em outro computador, num HD externo ou até na nuvem de algum servidor. Assim, se for vítima de um ataque, você não fica na mão dos criminosos.

AGORA SENTE AQUI, VAMOS CONVERSAR

É muito comum nos referirmos aos nossos pequenos nativos digitais como mini-*hackers*, dada a sua habilidade em lidar com as novas tecnologias. E, de fato, muitos adolescentes acabam se tornando *hackers* de verdade, motivados pela curiosidade em explorar como games, softwares e dispositivos funcionam e apoiados pelos diversos vídeos e sites disponíveis na internet que compartilham informações e dicas sobre as vulnerabilidades que eles apresentam. O que hoje não se aprende na internet, não é mesmo? Basta fazer uma busca que encontramos sites, *blogs* e vídeos que ensinam de tudo.

O problema é quando os jovens usam essas habilidades para práticas ilegais. Muitas vezes, podem fazer isso por diversão, porque desconhecem a lei e não avaliam as consequências de seus atos. Um exemplo disso é o Reino Unido, onde a idade média das pessoas condenadas por crimes cibernéticos é muito menor que a de outros tipos de crime.[108] Há muitos criminosos adolescentes. A vontade de ser aceito e de se destacar em seu grupo, conforme abordamos no capítulo sobre as redes sociais, também exerce um papel importante aqui. E a possibilidade de fazer isso de dentro do seu próprio quarto, sem precisar sair de casa, é um enorme facilitador.

Não se pode negar que crianças e adolescentes se tornaram ainda mais vulneráveis com o uso das novas tecnologias, sobretudo a crimes como sequestro, pornografia infantil, *cyberbullying* (calúnia, injúria, difamação, ameaça, entre outros). Mas e quando esses

---

[108] CYBER..., 2021.

jovens deixam de ser vítimas e passam a ser verdadeiros infratores, sobretudo por terem a ilusão de que não serão descobertos por estarem se valendo de perfis falsos ou aplicativos que prometem o anonimato?

E será que a omissão e a negligência dos pais e educadores sob a alegação do desconhecimento da lei poderiam livrá-los da responsabilização? A resposta é "não".

Assim, manter-se continuamente informado acerca de todos os riscos e as oportunidades que as novas tecnologias oferecem é fundamental para que se extraiam benefícios e se estabeleçam sólidas e eficazes estratégias para a mitigação de prejuízos atrelados aos riscos.

Aliás, nesse sentido e em conformidade com o previsto no Marco Civil da Internet, sugere-se que a inclusão digital nas escolas se dê sempre acompanhada de lições de boas práticas, assim como de providências técnicas, a exemplo de filtros e monitoramento que assegurem a impossibilidade de acesso a conteúdo impróprio e os alertas no que se refere à necessidade de tempestivas providências, por exemplo, quando algum aluno ou até mesmo professor ou outro colaborador fizerem mau uso do acesso provido pela instituição de ensino.

Então, temos de estar sempre atentos ao que nossos filhos e alunos fazem na internet, alertá-los sobre as consequências de seus atos e, ao perceber que a criança ou o adolescente tem grande habilidade e interesse por tudo o que envolve as novas tecnologias, oferecer-lhes oportunidades para que as utilizem de forma positiva. Você sabia que a área de cibersegurança é muito promissora, com bastante procura por profissionais em todo o mundo? E que nos Estados Unidos e no Reino Unido há programas governamentais para identificar estudantes com grandes habilidades nesse campo e estimulá-los a seguir carreira como especialistas em cibersegurança?[109] Bem orientados, nossos filhos podem ser multiplicadores de boas práticas, mentores do núcleo familiar ou de amigos ou até profissionais como esses (por que não?). ■

---

[109] WINDER, 2019.

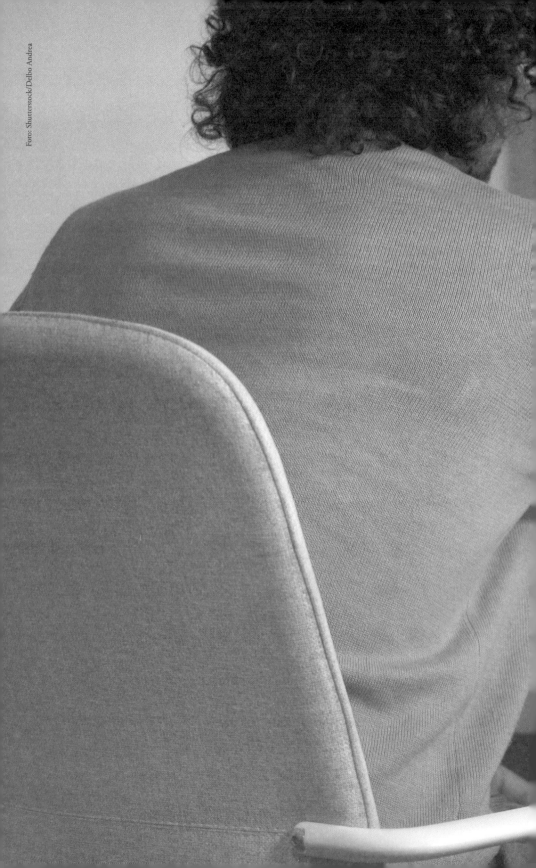
Foto: Shutterstock/Delbo Andrea

CAPÍTULO 6

Pornografia infantil

O que as novas tecnologias da informação e comunicação trouxeram de novo?

Pessoas mal-intencionadas sempre existiram, mas, com o surgimento da internet, elas encontraram uma maior facilidade em se aproximar de suas vítimas. A rede tornou muito mais simples não só o acesso a imagens íntimas ou privadas de crianças e adolescentes, mas também a aproximação a eles. Como antecipei no capítulo anterior, por meio de redes sociais, *chats* de games e outros recursos de comunicação, os criminosos conseguem manter conversas diretas e conquistar a confiança deles. Aliás, especialmente no mundo digital, o excesso de confiança é um dos mais preocupantes fatores de risco. E nunca, infelizmente, podemos nos sentir 100% ilesos a esse tipo de situação.

Por isso, não dá para descuidar. Crianças e adolescentes, assim que tiverem acesso a um smartphone e à internet, precisam de orientação contínua, observação atenta em relação a eventuais mudanças de comportamento e um canal de comunicação muito acessível com os pais. E é somente quando conhecemos os riscos e as estratégias dessas pessoas que conseguimos diminuir as chances de ter nossos filhos vulneráveis a esse tipo de abordagem.

Longe de mim aterrorizá-los, mas não posso me omitir. Em relação a alguns assuntos, não dá para titubear, principalmente quando pornografia infantil e assédio sexual na internet estão entre eles. Se tivéssemos um só caso, já seria grave. Mas veja esses números para entender como, além de preocupante e grave, é algo mais comum do que se imagina: em 15 anos de existência, a Central Nacional de Denúncias de Crimes Cibernéticos recebeu e processou 1.759.354 denúncias anônimas sobre pornografia infantil, envolvendo 429.665 páginas (URLs) diferentes, escritas em 10 idiomas e hospedadas em 59.177 domínios diferentes, conectados à internet através de 64.921 números IP distintos, em 101 países, em seis continentes.[110] É muita coisa, concorda?

E tem mais: uma pesquisa realizada na Inglaterra com 700 adolescentes de 12 e 13 anos mostrou que um em cada cinco entrevistados relata ter visto na internet imagens pornográficas que o chocaram ou perturbaram. E 12% dos entrevistados afirmaram ter participado ou feito um vídeo de sexo explícito.[111]

Além disso, é importante ter em mente que crianças e adolescentes não estão expostos a abuso sexual praticados apenas por desconhecidos. Veja que impressionantes os dados de uma pesquisa que li recentemente: dos 3,2 mil jovens de 14 a 17 anos de cinco países europeus (Bulgária, Chipre, Inglaterra, Itália e Noruega) que responderam ao levantamento, até 41% das meninas e até 25% dos meninos disseram ter sofrido abuso sexual, e cerca de 40%, alguma forma de violência on-line causada pelo(a) namorado(a).[112]

---

[110] Essas denúncias foram registradas pela população por intermédio dos três hotlines brasileiros que integram a Central Nacional de Denúncias de Crimes Cibernéticos, desenvolvida pela SaferNet Brasil, uma organização não governamental voltada para o enfrentamento aos crimes e violações aos direitos humanos na internet (INDICADORES..., 2021).

[111] HOWSE, 2015.

[112] BRIEFING..., 2015.

Não podemos (nem queremos) negligenciar nada que diga respeito aos nossos filhos. O assunto é muito sério, por isso vou apresentar neste capítulo algumas informações e atitudes que ajudam a mitigar os riscos nessa questão.

O perfil do abusador desconhecido

Os criminosos podem estar em qualquer lugar, na escola, na família, no condomínio e até na igreja, acredite. Um caso recente é o de um professor que trabalhava havia mais de 20 anos numa escola de altíssimo padrão de São Paulo. Aproveitando-se da sua atividade profissional, ele filmava as partes íntimas de alunas entre 11 e 17 anos de idade por baixo do uniforme delas, sem ninguém perceber, e armazenava as imagens.[113] Foi descoberto após uma operação da Polícia Civil contra a pornografia infantil, que encontrou mais de 300 vídeos em seu computador. Já pensou como os estudantes e suas famílias se sentiram?

Identificar essas pessoas não é uma tarefa fácil. Afinal, assim como o professor citado, elas aparentam ser pessoas comuns, sem qualquer traço que levante suspeitas até que surja uma denúncia. Segundo dados levantados por pesquisas e denúncias, a maioria dos abusadores é homem, embora os registros mostrem que também existem mulheres que praticam esse tipo de crime.

O que eles têm em comum é a habilidade em ser pacientes, sedutores e estratégicos para se aproximarem de crianças e adolescentes. É comum que se façam passar por artistas, jogadores e técnicos de futebol, agenciadores de modelos, caça-talentos e ainda por jovens da mesma idade dos seus alvos, para ganhar a confiança e se tornarem amigos das vítimas. Em geral, o contato acontece por redes sociais, grupos de aplicativos de mensagens e *chats* de games – daí a importância de respeitar a classificação indicativa

---

[113] RESK; CAFARDO, 2020.

dessas ferramentas, conversar a respeito e observar mudanças no comportamento.

Aqui, vale uma explicação importante. Há uma diferença entre pedófilo e predador sexual/abusador. Nem todo pedófilo é criminoso, assim como nem todo predador sexual/abusador é pedófilo. A pedofilia é considerada uma doença mental, sendo classificada pela Organização Mundial da Saúde como um transtorno de preferência sexual por crianças ou adolescentes, que pode ser diagnosticado e tratado por um médico psiquiatra. Ela só passa a ser crime se a pessoa diagnosticada com a doença coloca em prática seus desejos, aliciando, produzindo, promovendo ou consumindo esses conteúdos, por exemplo.

Problema antigo, ferramentas novas

Quando se lança um olhar atento sobre incidentes que envolvem crianças e adolescentes, é possível perceber registros históricos de violência praticada tanto no mundo real quanto no universo digital. O ambiente digital facilita a abordagem e a prospecção das vítimas, porque possibilita a obtenção de informações muito precisas sobre elas, inclusive sobre seus hábitos, gostos e dificuldades. Você já reparou que, sem perceber, acabamos compartilhando muitas informações sobre nós e nossas famílias nas redes sociais? Quem são nossos amigos e familiares, quais são nossos gostos (artes, educação, futebol, política...), quais são os lugares que frequentamos (igreja, clube, restaurante, escola, cursos, avenidas, parques, ruas...). Pois é, esses dados são insumos valiosos para pessoas mal-intencionadas, que podem utilizá-los para se aproximar ou agir contra nós ou quem mais amamos.

É muito importante conhecermos e estarmos atentos a tudo que coloca nossos filhos em situação de vulnerabilidade. Muitas vezes me perguntam: "Puxa, será que eu vou falar sobre pornografia infantil com meu filho? Ele tem apenas 8 anos". Bom, se você vai dar um smartphone para ele, precisa conversar. Nossas crianças e nossos adolescentes devem saber que na internet qualquer pessoa pode se fazer passar por outra e que tem gente que se vale de estratégias para conquistar a confiança deles.

Afinal, quando acontece alguma situação nesse sentido, os impactos são fortes, não só sobre a integridade física, mas também sobre a psíquica. Muitas vezes, uma situação de assédio ou abuso, além dos prejuízos morais, acaba sendo uma experiência traumática e potencializa muitos transtornos, como isolamento, depressão e, em casos extremos, até automutilação e suicídio.

É comum que a criança ou o adolescente acabe se sentindo envergonhado ou culpado diante do fato, por ter confiado sua intimidade a alguém que não merecia. Mas precisamos acolhê-los e reforçar que se encontram em uma condição de vítima e que podem contar conosco para ajudá-los a lidar com a situação, seja ela qual for.

QUADRO 5 | **Quem são as vítimas**

Pesquisas indicam que as meninas são as principais vítimas dos predadores sexuais: a proporção é de 70% de meninas para 30% de meninos. Porém, é preciso levar em conta que, por questões culturais, muitos meninos não percebem que foram vítimas de abuso ou escondem a situação por medo ou vergonha. Em relação à idade, em geral, as mais afetadas são as crianças que ainda não atingiram a puberdade ou os jovens que acabaram de chegar a essa fase.

O que dizem as leis

As principais declarações de direitos humanos proclamam que à infância e à adolescência devem ser garantidos cuidados e assistências especiais, que nenhuma criança está sujeita à interferência arbitrária ou ilícita em sua privacidade, na sua família, no seu lar, nem a atentados ilícitos à sua honra e reputação. Crianças e adolescentes têm direito à proteção contra quaisquer interferências ou atentados.

Quando falamos em pornografia infantil, não nos referimos "só" ao aliciamento, mas também às outras práticas que caracterizam o crime e que estão previstas nos artigos 218-C do Código Penal e 240 e seguintes do Estatuto da Criança e do Adolescente:

> Art. 218-C. Oferecer, trocar, disponibilizar, transmitir, vender ou expor à venda, distribuir, publicar ou divulgar, por qualquer meio – inclusive por meio de comunicação de massa ou sistema de informática ou telemática –, fotografia, vídeo ou outro registro audiovisual que contenha cena de estupro ou de estupro de vulnerável ou que faça apologia ou induza a sua prática, ou, sem o consentimento da vítima, cena de sexo, nudez ou pornografia (Brasil, 1940, [s.p.]).

> Art. 241-E. Para efeito dos crimes previstos nesta Lei, a expressão "cena de sexo explícito ou pornográfica" compreende qualquer situação que envolva criança ou adolescente em atividades sexuais explícitas, reais ou simuladas, ou exibição dos órgãos genitais de uma criança ou adolescente para fins primordialmente sexuais. (Incluído pela Lei nº 11.829, de 2008) (Brasil, 1990, [s.p.]).

Assim, a simulação ou a montagem de participação de uma criança ou adolescente em cena de sexo explícito também é crime. Mesmo que seja em um game.

Prevenir é o melhor remédio

No combate à pornografia infantil, as medidas legislativas são importantes, e o combate a esse tipo de crime é objeto de várias ações (como a que prendeu o professor já mencionado) e parcerias governamentais e não governamentais. Mesmo o Brasil sendo signatário de diversas convenções internacionais relacionadas ao tema e engajado no enfrentamento do problema, nada pode ser mais efetivo e necessário do que a prevenção, o acompanhamento e a conscientização.

É somente conversando sobre o assunto que conseguimos realmente diminuir os riscos. A curiosidade é da natureza da criança e do adolescente, assim como o gosto pela novidade. Por isso, carecem de uma atenção especial, não só da família, mas também da sociedade e do Estado, em caráter subsidiário, para que desenvolvam a própria sexualidade com a beleza e a pureza inerentes à sua condição de seres em desenvolvimento. Assim, temos realmente de evitar antecipações e divulgações de conteúdos impróprios a eles, acompanhando o que podem acessar e presenciar na TV (inclusive em filmes e propagandas em canais abertos), nas redes sociais, nos games e, claro, pessoalmente.

Abaixo, compartilho uma cartilha em que falamos sobre *sexting*, *nude* e *revenge porn*, bem como um guia prático da Sociedade Brasileira de Pediatria, ambos com recomendações para ajudá-lo a orientar e proteger.

Sem abusos, mais saúde – Sociedade Brasileira de Pediatria

MÃO NA MASSA

Para ler, compreender e orientar

Tipos de atividade sexual na internet[114]

Para saber como proteger seu filho e lidar com os riscos de abuso sexual, é importante conhecer os termos mais usados e o que eles significam. Note que algumas atividades se sobrepõem ou estão relacionadas.

Abuso sexual on-line: ocorre quando uma criança ou um adolescente é forçado a criar, exibir ou compartilhar imagens ou vídeos de abuso infantojuvenil ou participar de atividades sexuais em conversas on-line.

Sexting: criada a partir da união de duas palavras em inglês – "*sex*" (sexo) e "*texting*" (envio de mensagens) –, significa o ato de produzir e compartilhar com amigos, namorados, pretendentes e outras pessoas fotos ou vídeos sensuais do corpo (nu ou seminu), seu ou de terceiros, ou mensagens de texto eróticas, de forma livre e consciente.

Nudes: também chamado de "*nude selfies*", trata-se de imagem (foto ou vídeo) de uma pessoa nua, em situação íntima ou sexualmente provocante. Ou seja, faz parte dos conteúdos enviados por *sexting*.

Revenge porn: a expressão, que pode ser traduzida como pornografia de vingança ou vingança pornô, refere-se ao ato de

---

[114] BORELLI, 2020a; AINSAAR; LÖÖF, 2012; SHARING..., 2021; A VIOLÊNCIA..., 2021.

enviar ou compartilhar *sextings* ou *nudes* sem autorização da vítima, com o objetivo de prejudicá-la e/ou humilhá-la.

Grooming: é um processo de manipulação pelo qual uma pessoa "prepara" uma criança ou um adolescente para o abuso. Isso significa que o abusador busca conquistar a amizade e a confiança dessa criança ou adolescente e, com isso, obtém sua concordância para que possa, então, abusar dela sexualmente e manter o sigilo sobre a situação. O abusador pode ser um estranho ou alguém que a criança ou o jovem conheça. Muitas vezes, o *grooming* acontece em *chats* de plataformas de jogos on-line e em redes sociais.

Sextortion: o termo, que pode ser traduzido como "sextorção" (sexo + extorsão), refere-se à ameaça de expor uma imagem ou mensagem sexual com o objetivo de obrigar a vítima a dar dinheiro ou fazer algo para o abusador.

Estupro virtual: diferentemente do que acontece no *sextortion*, em que a pessoa exige dinheiro ou outra contrapartida material, o abusador obriga a vítima a praticar algum ato libidinoso por meio da internet ou de outras ferramentas digitais, como masturbação, posições ou toques íntimos, por meio de ameaças e chantagens. O abusador pode ser tanto um estranho que se conheceu pela internet, quanto um(a) ex-namorado(a), um(a) amigo(a) e até um professor que, por exemplo, tenha fotos e vídeos íntimos da vítima, obtidos de forma consentida ou não.

Solicitação sexual: é o ato de incentivar uma criança ou adolescente a falar sobre sexo, a fazer algo sexual ou a compartilhar informações sexuais pessoais, mesmo quando não quer.

Exploração sexual infantojuvenil on-line: é um tipo de abuso sexual. Ocorre quando uma criança ou adolescente são convencidos ou forçados a criar fotos ou vídeos sexualmente explícitos ou ter conversas sexuais.

Emojis sexuais: algumas dessas figurinhas populares são usadas no *sexting* para expressar intenções de cunho sexual. Por exemplo, rosto com um olhar enigmático (😏), língua (👅), berinjela (🍆), gotículas (💦), entre outros.

Reduzindo os riscos na sua família

Não é fácil proteger crianças e adolescentes dos perigos da internet, mas proibi-las de acessá-la as privaria de aproveitar essa ferramenta fantástica de comunicação e aquisição de conhecimento, como tenho falado aqui. Então, o que fazer? Bom, em primeiro lugar, lembre-se de que muitos dos comportamentos e fatores que mantêm as crianças seguras off-line devem ser aplicados no mundo on-line. Além deles, reúno algumas atitudes específicas para reduzir os riscos, segundo especialistas.[115] Muitas já foram abordadas antes, mas, diante da importância do tema, convido você a fazer um *checklist* das recomendações, o que certamente o ajudará a se sentir mais seguro sobre a maneira de conduzir e acompanhar o assunto com sua família:

1. Nunca achar que seus filhos estão totalmente seguros na internet. Segurança total não existe. Procure estar sempre atento ao que fazem na web e com quem interagem. Ou seja, siga as mesmas regras de segurança que utiliza no mundo físico.

---

[115] BORELLI, 2022b; WERNECK; KOBAYASHI, 2012; TIPS FOR..., 2020; DICAS..., [s.d.]; A VIOLÊNCIA..., 2021.

2. Conversar com seus filhos sobre os riscos existentes no universo virtual assim que eles começarem a navegar na internet e/ou ganharem seu primeiro smartphone. Um ponto muito importante é deixar claro que na internet qualquer pessoa pode se fazer passar por outra (inclusive por celebridades ou caçadores de talentos), as pessoas nem sempre são quem dizem ser on-line e há muita gente mal-intencionada nesse ambiente. Por isso, deve ter muito cuidado ao falar com alguém que não conheça pessoalmente. O melhor é nem conversar com estranhos, já que, sem querer, podemos acabar dando muitos detalhes sobre sua vida.

3. Saber quem são os influenciadores preferidos de seus filhos. Pois é, essa informação é bem relevante, uma vez que, como o próprio nome indica, eles podem exercer grande influência em suas atitudes. Do mesmo modo, é importante saber quem são seus amigos virtuais, com quem conversam e por quem são seguidos.

4. Não permitir que sua criança ou adolescente marquem encontros com pessoas que conhecem apenas pela internet sem o seu consentimento. Caso você considere permitir, o encontro deve acontecer em um local público e seus filhos devem estar sempre acompanhados por um adulto.

5. Reforçar que podem e devem confiar em você se tiverem contato com pessoas ou conteúdos que os deixem desconfortáveis. E que, se receberem imagens íntimas de outras pessoas, não devem compartilhar de forma alguma. Precisamos estimular nossos filhos a conversarem, a dividirem conosco tudo que os aflige, para que, juntos, possamos tomar as providências adequadas.

6. Orientar para que não produzam conteúdos de natureza íntima sob qualquer pretexto. Enviar fotos ou vídeos íntimos não são provas de amor, tampouco brincadeiras saudáveis, e esse conteúdo pode ser usado no futuro como vingança até por pessoas que achávamos que eram de confiança. Além disso, mesmo

com mecanismos de privacidade e proteção, os dispositivos são vulneráveis a ataques virtuais, vazamento de dados e roubo/perda, o que pode tornar público um conteúdo íntimo. Uma sugestão é propor a eles o exercício de pensar como sua vida poderia ser impactada se isso lhes acontecesse.

Manda *nudes*!

Sexting, nudes e *revenge porn*

7. Respeitar a classificação indicativa de jogos e mídias sociais. Essa classificação é estabelecida por especialistas de acordo com o grau de maturidade de cada faixa etária, baseada em evidências.
8. Explorar as redes sociais, os aplicativos e os jogos que nossos filhos usam junto a eles, para entender como funcionam e ver como se comportam, é uma excelente maneira de aprender e saber do que gostam e por que gostam. Não estar familiarizado com a internet não deve ser desculpa para deixarmos nossos filhos navegarem sem supervisão. Se nessa exploração vocês encontrarem algum material ofensivo ou impróprio, busque explicar, com jeitinho, por que o conteúdo é inadequado e como devem agir caso se deparem com esse tipo de material novamente.
9. Explicar os motivos pelos quais não devemos expor informações pessoais ou íntimas em redes sociais, *chats* de games ou nos aplicativos de mensagens. O principal deles é: imagens, vídeos e textos compartilhados na internet podem ser acessados por milhares de usuários, fugindo do controle dos seus

autores. Além disso, o que entra na web fica lá para sempre, não tem devolução. Por isso, eles não devem fornecer dados como nome, endereço e escola em que estudam, enviar fotos para pessoas que conhecem apenas pela internet e receber delas nenhum tipo de arquivo.

10. Certificar-se quanto à geolocalização dos dispositivos da família: com quem essa informação está sendo compartilhada? A respeito, há softwares de controle parental que permitem criar grupos de compartilhamento, assim, os pais e os irmãos sempre sabem onde cada um está. É ótimo por esse lado, mas precisamos ficar atentos ao grau de segurança dessa informação, assim como pesquisar, ler as resenhas e conhecer a política de privacidade da ferramenta que pretende contratar.

11. Lembrar-se de que quando nos afastamos da câmera por qualquer motivo, o vídeo ainda pode estar sendo gravado. Procure ensiná-los (e a todos os outros membros da família) a usar uma fita adesiva ou um *post-it* para cobrir a câmera quando se ausentar para lembrar que ela está ligada. E a desligar a câmera no final de cada sessão.

Você curte usar webcam?

12. Recorrer, sempre que entender necessária uma ajuda adicional, a softwares de controle parental para evitar o acesso a conteúdo inadequado e o contato com pessoas estranhas.

13. Observar e dar importância a mudanças repentinas de comportamento (*veja quais são os sinais de alerta a seguir*).

14. Seguir as seguintes orientações quando postar fotos de seu filho na internet:
    - nunca publicar imagens em que a criança esteja sem ou com pouca roupa;
    - evitar imagens em que se possa identificar os locais onde a criança estuda, reside, pratica esportes etc;
    - nunca colocar nome e sobrenome da criança nas publicações;
    - não dar indicações sobre as coisas de que a criança gosta ou tem medo;
    - configurar a privacidade do seu perfil para adicionar somente pessoas que você conhece. Afinal, você não sairia com o álbum de fotografias de seus pimpolhos pela rua dizendo "chega mais quem quiser ver as fotos dos meus filhos", certo?

15. Criar um ambiente acolhedor dentro de casa para que a comunicação entre todos seja acessível, positiva e aberta. Embora estudos apontem que crianças e adolescentes procuram primeiramente seus amigos ou outra pessoa de confiança quando enfrentam riscos ou problemas on-line, em vez de falarem com os pais,[116] não deixe de mostrar e reforçar que em casa sempre há e haverá acolhimento e proteção. E continue abordando todos os temas, especialmente os mais sensíveis, para que os jovens não achem que falar sobre eles em casa é um bicho de sete cabeças.

QUADRO 6 | **Apoio extra: *bot***

O Fundo das Nações Unidas para a Infância (Unicef) lançou em 2018 uma ação para conscientizar adolescentes

---

[116] THE STATE..., 2017.

a partir de 13 anos de idade sobre os perigos do abuso sexual on-line. Trata-se de um *bot*, uma ferramenta de inteligência artificial programada para conversar sobre os riscos do compartilhamento de *nudes* na rede. A personagem se chama Fabi Grossi e é uma adolescente que teve um vídeo íntimo vazado pelo ex-namorado. A partir do perfil da Fabi no Facebook, o adolescente pode interagir com ela e receber informações sobre como lidar com esse tipo de problema.

O *bot* usa textos, fotos, vídeos e mensagens de áudio para estabelecer esse diálogo. Durante pelo menos 48 horas de interação com a Fabi, o adolescente pode trocar experiências, receber conselhos e aprender a lidar com situações de *sexting* e *revenge porn*, além de conhecer maneiras de buscar ajuda em situações como essas.

Como os adolescentes se sentem mais confortáveis de conversar com gente da idade deles, o diálogo com essa ferramenta de inteligência artificial pode ajudar nossos filhos a entenderem melhor os impactos do *sexting* e do *revenge porn* e a se protegerem dessas práticas – e dos abusadores presentes no universo digital. Mas lembre-se: isso é só mais um tipo de apoio. Nada, mas nada mesmo, substitui a orientação que deve ser dada pelos pais e o diálogo na família.

Endereço: https://www.facebook.com/ProjetoCaretas.

Comportamentos que podem indicar abuso on-line

Certas atitudes podem ser indicadoras de que a criança ou adolescente pode estar sendo vítima de algum tipo de violência sexual na internet. Por isso, além do diálogo aberto, nossos olhos e feelings precisam estar sempre atentos, observando eventuais alterações no comportamento dos nossos filhos.[117] Procure conversar com seus filhos. É importante que isso seja feito de maneira acolhedora e afetuosa, porque a ocorrência de alguma dessas situações pode estar ligada a outras causas, como uma dificuldade na escola ou um desentendimento com um amigo do mundo off-line – afinal nem tudo tem a ver com a internet. Vamos a alguns sinais que merecem atenção:

- Tem ficado muito mais tempo on-line, enviando mensagens de texto, jogando ou usando as redes sociais, e procurar navegar sozinho, longe dos pais, fechado no quarto e de madrugada, por exemplo;
- Parece distante, chateado ou nervoso depois de usar a internet ou enviar mensagens de texto;
- Tem se afastado da família e dos amigos;
- O sono e o apetite estão diferentes;
- Anda mais ansioso;
- Tem chegado ou chegou em casa com presentes e pacotes de origem duvidosa e alheio a qualquer data especial;
- Tem sido misterioso sobre com quem vem conversando por voz ou mensagem de texto;
- Desliga o monitor ou muda rapidamente o que está na tela do computador/celular quando alguém se aproxima;
- Tem adotado um vocabulário estranho e com expressões vulgares;
- O temperamento vem sofrendo mudanças repentinas;
- Tem utilizado roupas de manga longa no calor;
- Há sinais de autoflagelação ou terror noturno;
- A vaidade foi esquecida;
- O olhar parece entristecido e planejar o futuro não é tão interessante.

---

[117] ONLINE..., 2021; A VIOLÊNCIA..., 2021; SCHELB, 2021.

> **QUADRO 7 | Diga não!**
>
> Assista ao vídeo *Diga não!* – uma campanha contra a coerção sexual on-line e a extorsão de crianças.
>
>
>
> Diga não! - Europol

Sinais de que a pessoa que conversa com seu filho pode ser um abusador

Como não é possível monitorar o tempo todo o que nossos filhos fazem na internet, ainda mais quando acessam a rede por um smartphone, vale a pena dividir com eles informações sobre como um abusador age,[118] para que desconfiem ao primeiro sinal e interrompam a interação com essa pessoa – ou conversem com você a respeito. Esse tipo de pessoa:

- Dá muita atenção à criança ou ao jovem e faz comentários muito simpáticos;
- Pede *nudes* ou fotografias e vídeos em que a criança/o jovem está com pouca roupa ou em situação íntima;
- Pede segredo sobre essas conversas;
- Prefere usar *chats* privados para conversar (WhatsApp, Facebook, Snapchat, TikTok);

---

[118] A VIOLÊNCIA..., 2021.

- Insiste em falar sobre sexo;
- Se a criança/o jovem não fizer o que ela quer, muda rapidamente de humor;
- Diz que sua webcam está quebrada para que a criança/o jovem não possa vê-la.

O que fazer se seu filho estiver enviando ou recebendo *sexting* ou *nudes*

Caso você perceba ou descubra que seu filho recebeu ou enviou mensagens ou imagens de cunho sexual de si próprio ou de terceiros, é preciso intervir imediatamente para evitar situações mais graves. Veja de que forma é importante agir nesses casos[119]:

1. Aceitar seu desconforto com a situação. É natural que você se sinta chateado, irritado ou confuso. Nossos filhos também podem ficar ansiosos ao falar sobre o que aconteceu, mas precisamos tranquilizá-los e focar em resolver a situação.
2. Evitar perder o controle ou fazer com que se sintam culpados. Sobretudo nessa hora, eles precisam de ajuda, acolhimento e orientação.
3. Reafirmar seu apoio, lembrando-os de que sempre podem falar com você sobre situações como essa, se alguém os pressionar a enviar ou compartilhar *nudes*, se receberem esse tipo de conteúdo ou se estiverem preocupados com alguma coisa.
4. Fazer sempre perguntas abertas, como "O que aconteceu?". Se você perguntar "Por que você fez isso?", pode fazer com que tenham medo de se abrir com você.
5. Informar a escola sobre o ocorrido. Os educadores podem ficar atentos à situação e ajudar a impedir que imagens ou vídeos sejam compartilhados. Também podem apoiar outra criança

---

[119] SHARING..., 2021; BORELLI, 2022c.

ou adolescente que tenha sido afetado ou ter um serviço de aconselhamento aos pais e alunos.

6. Ser claro sobre os riscos do *sexting* e de ter fotos, mensagens ou vídeos compartilhados sem o consentimento das pessoas envolvidas, valendo-se, inclusive, de casos de vazamento que se tornaram públicos. Depois que algo é compartilhado on-line, torna-se público e pode ser salvo ou copiado por outras pessoas. E essas pessoas podem usar esses conteúdos para fazer chantagem, intimidar e humilhar, provocando angústia, constrangimento e vergonha.

7. Alertar seus filhos de que não devem reproduzir qualquer conteúdo íntimo de uma pessoa com ou sem o seu consentimento, e não somente por uma questão moral, mas sobretudo pela responsabilidade legal que reveste tal comportamento.

8. Orientar seus filhos para que deletem imediatamente conteúdos íntimos compartilhados de outra pessoa e orientem a pessoa com quem compartilharam que faça o mesmo e não compartilhe com mais ninguém. Não deixe de explicar que essa prática pode caracterizar crime e gerar sérios desdobramentos, além de danos irreparáveis à pessoa exposta.

9. Ter em mente que é possível a identificação e responsabilização de quem encaminhou os conteúdos, ainda que tenham sido utilizadas contas falsas.

O que fazer se seus filhos revelarem que foram vítimas de abuso sexual on-line

Essa é uma situação muito difícil, e eu espero que você e sua família nunca tenham de passar por ela. Mas, se acontecer, é importante saber o que fazer, a quem pedir ajuda e como acolhê-la. Por isso, precisamos falar sobre esse assunto e conhecer as recomendações para esses casos[120]:

---

[120] ONLINE..., 2021.

1. Escutar atentamente o que sua criança ou adolescente tem a contar a respeito.
2. Dizer que fez a coisa certa contando a você o que ocorreu.
3. Acolher com muito amor e confiança e dizer que não foi culpada.
4. Assegurar que todas as providências necessárias serão adotadas.
5. Não confrontar o suposto abusador e buscar orientações jurídica e psicológica necessárias.
6. Explicar o que você fará sobre a situação. O ideal é buscar orientação profissional, jurídica e psicológica para definir os próximos passos com mais tranquilidade e segurança.
7. Preservar eventuais provas (*veja detalhes a seguir*) e denunciar às autoridades o que seus filhos lhe contaram o mais rapidamente possível.

Como denunciar

Quando tomamos conhecimento de que uma criança ou um adolescente está sofrendo algum tipo de chantagem, ameaça ou abuso, é importante denunciarmos às autoridades e adotarmos algumas providências para diminuirmos os danos. Evite ceder a qualquer tipo de chantagem, pois, uma vez atendido, em geral, o abusador passa a exigir cada vez mais. Veja, passo a passo, o que fazer[121]:

1. Preservar todas as evidências e o máximo possível de informação sobre as páginas e as mensagens em que as chantagens e ameaças foram feitas ou o conteúdo que foi compartilhado: URLs, *prints* das telas, e-mails, vídeos, áudios e conversas. Você também pode registrar todo esse material em ata notarial em um tabelionato de notas ou buscar orientação jurídica para

---

[121] SEUS *NUDES*..., 2021.

outros meios de preservação de provas digitais. Isso ajuda a atestar que o material é verídico.

2. Procurar a delegacia mais próxima para comunicar o crime e evitar que o abusador fique impune e possa fazer mais vítimas. Se possível, procure uma delegacia especializada em crimes cibernéticos ou de defesa da mulher, se for o caso. Outros canais de denúncia são: Conselho Tutelar, Delegacia de Repressão à Pedofilia, Ministério Público, Disque 100, Disque 180, Ministério da Justiça e Polícia Federal. Se preferir, contate um advogado especialista em crimes cibernéticos para orientá-lo nesse processo.

3. Pelo Marco Civil da Internet, os provedores e as plataformas digitais têm obrigação legal de remover conteúdos que envolvam exposição não autorizada de cenas íntimas. E as próprias plataformas proíbem o compartilhamento de nudez, bem como o envio de ameaças e intimidações. Então, procure entrar em contato com a empresa na qual o conteúdo foi postado e solicitar sua remoção por meio do botão "denunciar". Se não atenderem sua solicitação, você poderá buscar auxílio jurídico para ingressar com uma ação judicial, a fim de que sejam obrigados a remover o conteúdo criminoso.

4. Solicitar também a remoção do conteúdo nos mecanismos de busca da internet, para que não apareça mais associado ao nome da criança ou do adolescente nos resultados das pesquisas. O Google, por exemplo, oferece um formulário para solicitar a remoção. Esse formulário deve ser preenchido pelos pais, advogados ou outros representantes legais da criança ou do adolescente. Mas lembre-se de que isso não fará com que a imagem seja removida da página onde está hospedada. Para isso, é necessário solicitar à justiça que determine a remoção das imagens e vídeos do aplicativo, site, provedor ou página em questão, caso o próprio provedor não o faça, conforme mencionei anteriormente.

💬 AGORA SENTE AQUI, VAMOS CONVERSAR ──────────

Quero reforçar mais uma vez que manter estabelecido um canal de diálogo com nossos filhos é fundamental para construir uma relação de confiança na família. Não é fácil mesmo identificar sinais de abuso on-line, porque na maioria dos casos não há sinais físicos. Por isso é tão importante conhecermos nossos filhos, estarmos próximos deles para assim conseguirmos identificar mudanças repentinas de comportamento e acolhê-los sempre e quando necessário, sem julgamentos. Infelizmente nem tudo está sob nosso controle.

Também precisamos evitar contribuir para a exposição de nossos filhos a riscos. É lógico que nenhum pai e nenhuma mãe compartilha um vídeo ou uma foto dos filhos querendo ou acreditando que vá deixá-los numa situação de vulnerabilidade perante aliciadores sexuais. Mas isso pode acabar acontecendo, porque, fora de contexto, as imagens podem gerar interpretações graves e equivocadas ou ainda parar em sites de pornografia. Já pensou nisso?

Precisamos, realmente, ter cuidado com o excesso de compartilhamento, com o conteúdo em si e com as marcações, sobretudo as recíprocas. A divulgação de fotos, vídeos e imagens de crianças em situações íntimas ou sensíveis (sem ou com pouca roupa) precisa ser evitada, já que aliciadores/predadores sexuais se valem desse tipo de conteúdo para satisfazer seus desejos e planejar suas ações. Os aliciadores sexuais realmente se aproveitam de fotos de crianças em situações mais íntimas ou sensíveis. É repugnante, mas é uma realidade. Veja, não estou dizendo para que nunca compartilhe fotos de seus filhos nos meios digitais, mas orientando para que, se compartilhar, faça-o da maneira mais segura possível, sempre considerando que, quando compartilhamos algo na ou por meio da internet, perdemos o controle sobre aquilo.

A propósito, além do risco da pornografia infantil, o compartilhamento em excesso de fotos dos filhos tem suscitado um debate sobre outra questão importante: a violação da privacidade das crianças e dos adolescentes por seus próprios pais. Essa situação ganhou até um nome específico, *sharenting*, originado da junção das palavras "*share*" (compartilhar) e "*parenting*" (parentalidade).

Li um artigo[122] muito interessante sobre o desafio que é, de fato, encontrar um equilíbrio entre o direito dos pais de compartilharem conteúdo sobre seus filhos e o direito dos filhos de entrarem na idade adulta livres para criar suas próprias pegadas digitais. É claro que os pais são os narradores da história de suas crianças, mas também são responsáveis pela proteção de sua privacidade. No entanto, ao compartilhar fotos e informações sobre nossos filhos, podemos acabar por fazer o oposto e prejudicá-los. Afinal, eles têm o direito de não concordar com o fato de informações pessoais estarem sendo compartilhadas. E, como já falamos, o que vai para a internet não tem volta. Ou seja, sem querer, os pais acabam criando uma pegada digital para seus filhos que vai segui-los por toda a vida. E muitos não gostam do que foi publicado sobre eles, mesmo sabendo que os pais tinham as melhores intenções.

Já têm sido registrados casos de menores que acionaram judicialmente seus pais por compartilhamento de fotos e informações íntimas sem autorização, assim como de disputa judicial entre pais e mães separados a respeito do que cada um deles publica na internet sobre os filhos em comum.[123]

Não podemos nos esquecer que somos uma importante referência para nossos filhos, então devemos nos comportar on-line da forma como gostaríamos que se comportassem, especialmente quando pensarmos em publicar algo sobre eles.[124] Eu, por exemplo,

---

[122] STEINBERG, 2016.

[123] PÉREZ-LANZAC, 2019.

[124] "SHARENTING"..., 2020.

peço autorização antes de postar qualquer foto dos meus filhos nas redes sociais, e ai de mim se não pedir.

É pelo exemplo que conseguimos educar melhor nossos filhos sobre respeito, privacidade, direitos, deveres e comportamentos adequados nas redes sociais. E é trilhando caminhos como esses que podemos protegê-los quando estão longe dos nossos olhos e do nosso alcance. ■

Veja, não estou dizendo para que nunca compartilhe fotos de seus filhos nos meios digitais, mas orientando para que, se compartilhar, faça-o da maneira mais segura possível, sempre considerando que, quando compartilhamos algo na ou por meio da internet, perdemos o controle sobre aquilo.

Foto: Shutterstock/Stanislaw Mikulski

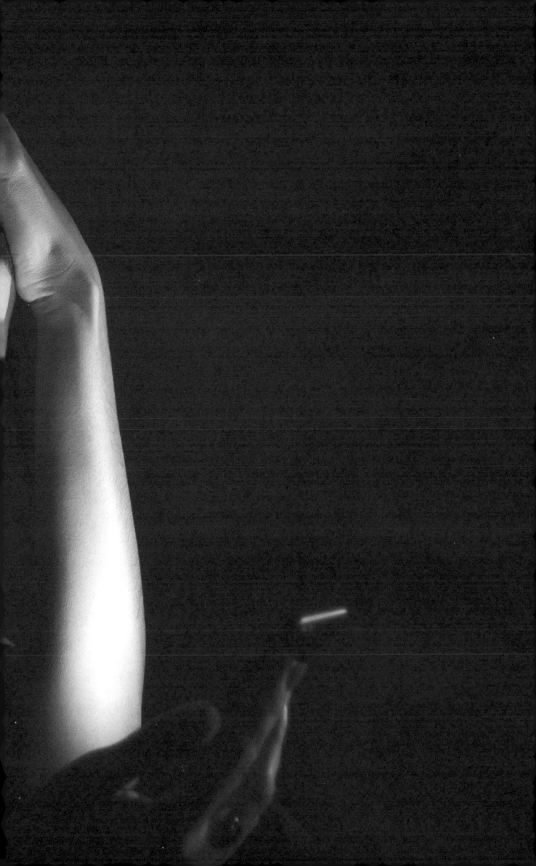

CAPÍTULO 7

Bullying, cyberbullying e o relativo direito à liberdade de expressão

Com os poderes de perpetuidade e disseminação da internet não se brinca

Definitivamente, transformação digital começa pelas pessoas, e não pela tecnologia. Uma poderosa ferramenta de comunicação, uma divertida forma de entretenimento, um eficiente meio de propagação, assim podemos descrever algumas das inúmeras características das redes sociais. Mas, assim como podem trazer alegria e conforto, podem também levar a tristeza e o desespero. Uma frase mal interpretada ou "postada" no momento do "calor" da emoção, uma foto ou vídeo íntimos voluntária ou involuntariamente compartilhados, ou, quem sabe, simplesmente uma opinião contrária ao que a maioria pensa bastam para ter o que chamamos de "linchamento virtual", que ocorre quando alguém instiga o repúdio de outras pessoas, estimulando as ações dos linchadores.

Sabemos que o prejulgamento do ser humano não nasceu com a internet, mas também não podemos negar o seu poder para a difusão massiva, perpétua, atemporal e descontrolada, o que pode tornar um simples ponto de vista algo avassalador.

O fato é que a falta de ou o pouco conhecimento acerca do poder de disseminação e perpetuidade nesse ambiente, assim como das leis que norteiam o universo digital, associado à sensação de impunidade, demonstra a urgente necessidade de constantes campanhas e iniciativas de conscientização e combate aos crimes de ódio na internet, muito embora saibamos que lei alguma, por si só, é capaz de mudar comportamento.

Se, de um lado, é preciso pensar antes de postar, de outro, é preciso bom senso antes de julgar, curtir, comentar e compartilhar. Veja mais sobre isso em:

Conjugando o verbo postar

Tenho certeza de que você já ouviu frases assim: "O *bullying* sempre existiu. Na minha época, meus colegas de escola também tiravam sarro de mim e sobrevivi". Quem nunca, não é? Quem nunca recebeu um apelido de que não gostou? Quem nunca foi excluído de alguma turma ou foi alvo de chacota na escola?

Pois é, muitas vezes os atos de *bullying* são confundidos como "brincadeiras" pelos envolvidos (agressores e vítimas), o que pode dificultar a identificação desse tipo de prática. De um lado, um achando que sua brincadeira não está fazendo "tão mal assim" e, do outro, a pessoa acreditando que "pode estar sendo sensível demais".

Até para que não se interfira na natureza do processo de desenvolvimento, concordo que é mesmo muito importante saber distinguir quando se está diante de um conflito natural entre crianças e adolescentes de quando algo extrapola o aceitável. Não há mesmo uma fórmula 100% exata para ajudar a identificar o que é *bullying*, em especial nos casos em que a agressão vem travestida de "brincadeira". É preciso bom senso, consciência sobre a real intenção da ação e noção de limites da liberdade de expressão. Afinal, brincadeira é quando todo mundo se diverte.

Por isso, nós, adultos, devemos estar sempre atentos para sermos capazes de identificar os primeiros sinais de práticas que podem se configurar como *bullying*, bem como identificar se nossos filhos são vítimas, agressores ou testemunhas. Em quaisquer desses casos, é importante agir de forma rápida e adequada, a fim de evitar que o problema ganhe dimensão, gerando consequências mais graves para todos os envolvidos.

Afinal, especialmente na versão digital do *bullying*, o *cyberbullying*, dinheiro nenhum (proveniente de condenações indenizatórias) será suficiente para amenizar o dano da exposição, que muitas vezes afeta a dignidade da vítima. O ditado "O tempo cura tudo" não funciona no caso do *cyberbullying*. Aqui, o que vale é outro ditado: "Não faça aos outros o que não gostaria que fizessem a você ou a quem você ama".

O que é *bullying*, afinal?

Vamos ver o que diz a legislação brasileira. Segundo a Lei n.º 13.185/2015, que instituiu o Programa de Combate à Intimidação Sistemática, *bullying* é:

> todo ato de violência física ou psicológica, intencional e repetitivo, que ocorre sem motivação evidente, praticado por indivíduo ou grupo, contra uma ou mais pessoas, com o objetivo de intimidá-la ou agredi-la, causando dor e angústia à vítima, em uma relação de desequilíbrio de poder entre as partes envolvidas (BRASIL, 2015b, [s.p.]).

A lei deixa claro que o *bullying* pode envolver "violência física ou psicológica em atos de intimidação, humilhação ou discriminação e ainda ataques físicos, insultos pessoais, comentários sistemáticos e apelidos pejorativos, ameaças por quaisquer meios, grafites depreciativos, expressões preconceituosas, isolamento social consciente e premeditado e pilhérias". Este último item é importante, porque sua inclusão ajuda no combate à prática. Ao considerar que piadas e declarações sarcásticas e engraçadas podem ser *bullying*, a lei acaba com a desculpa do agressor de estar fazendo apenas uma "brincadeira". E, além disso, possibilita que a vítima se sinta confortável em contar a seus pais e educadores que não gostou da "brincadeira", rompendo a barreira do silêncio que muitas vezes envolve o *bullying*.

Quando as ações são executadas por via virtual (incluindo "depreciar, enviar mensagens intrusivas da intimidade, enviar ou adulterar fotos e dados pessoais que resultem em sofrimento ou com o intuito de criar m e i o s de constrangimento psicológico e social"), temos o que é chamado de *cyberbullying*.

Algumas das formas de praticar *cyberbullying* são publicar comentários negativos e m fotos ou *posts* das vítimas nas redes sociais ou em sites e enviar mensagens maldosas, rudes, negativas e ameaçadoras por SMS, e-mail ou pelos mecanismos de comunicação direta/ privada das mídias sociais – como fazem os chamados haters. Também envolve a disseminação on-line de boatos, adulteração de conteúdos ou fotos de alguém, divulgação de informações confidenciais e privadas sobre um terceiro, invasão de perfis em redes sociais e e-mail de outra pessoa, usando essas ferramentas para postar mensagens prejudiciais a outros, fingindo ser o dono do perfil original e excluindo intencionalmente alguém de um grupo on-line, entre outras atitudes.

O *bullying* e o *cyberbullying* podem causar diversos problemas e sob os mais diversos aspectos, afetando a saúde física, mental, os relacionamentos, além do próprio desenvolvimento do jovem. Pesquisas[125, 126] mostram que vítimas desses atos são mais propensas a apresentar baixo desempenho acadêmico, depressão, ansiedade, automutilação, sentimentos de solidão e mudanças nos padrões de sono e alimentação, além de ter maior risco de usar álcool e drogas, deixar de

---

[125] CRAMER; INKSTER, 2017.

[126] JOHN *et al.,* 2018.

ir à escola, ter baixa autoestima e desenvolver problemas de saúde. O impacto é tão grave sobre as vítimas desse tipo de abuso que às vezes as leva a atitudes extremas, como pensamentos ou até a prática suicida.[127]

E os efeitos negativos podem se estender até a idade adulta, dependendo da extensão e da duração, já que as agressões acontecem com mais frequência numa fase sensível da vida, quando as crianças e os adolescentes estão em meio a seu processo de desenvolvimento pessoal e social. Um estudo internacional[128] aponta que vítimas de *bullying* e *cyberbullying* apresentam um risco maior de desenvolver transtornos emocionais na vida adulta. Já os agressores apresentam maior probabilidade de desenvolver transtorno de personalidade antissocial, que pode, inclusive, estar relacionado a comportamentos criminosos.

Não é demais reforçar aqui que não só a vítima precisa de ajuda, mas também o agressor, sendo importante entender as motivações que o fazem ser ou agir desta forma (o que, não raramente, acaba revelando que ele também é vítima de algum tipo de agressão, na escola ou em sua casa, especialmente).

Por isso tudo, o *bullying* e o *cyberbullying* não devem ser considerados apenas um rito de passagem inofensivo, parte do relacionamento entre pares ou uma parte inevitável do crescimento.

Intimidação em grau máximo

O que mudou da infância de muitos pais para a de agora é justamente esse prefixo, "*cyber*", que adicionou uma dimensão extra ao *bullying*, que antes ficava mais restrito ao ambiente onde aconteciam as ofensas. Com a tecnologia e os dispositivos sendo continuamente acessados pelos jovens, muitas vezes até para atividades pedagógicas, a vítima não tem tempo nem espaço de sossego. A depender do caso, nem trocar de escola, cidade, país resolve. Consegue imaginar a situação da vítima?

---

[127] THE STATE..., 2017.

[128] COPELAND *et al.*, 2013.

Assim o agravante do *cyberbullying* é que, por ser praticado em ambiente virtual, não tem fronteiras nem limites. A ilusão de anonimato propiciada pela internet (que não é real, porque medidas jurídicas podem levar à identificação e punição dos responsáveis) faz com que os agressores se multipliquem, e, com isso, o dano se amplia muito. Os aplicativos de mensagens instantâneas, como Snapchat, WhatsApp, Instagram e vários outros que já existiram, existem e certamente existirão, acabam colocando mais pólvora nessa mistura explosiva, já que permitem a disseminação de mensagens agressivas ou mentirosas com uma velocidade impressionante e a divulgação de imagens sem permissão e controle dos retratados.

Infelizmente, o *bullying* e o *cyberbullying* acontecem com uma frequência assustadora, e nenhuma criança ou adolescente está imune a ele. Crianças e adolescentes (e até mesmo adultos) de todas as etnias, gêneros e condições socioeconômicas em todo o mundo são afetados por esse problema. E muitas crianças e adolescentes que não estão diretamente envolvidas no *bullying* já testemunharam outras pessoas sendo intimidadas regularmente.

Segundo uma pesquisa realizada[129] em 28 países ao redor do mundo, um em cada cinco pais de crianças e adolescentes menores de 18 anos disse que seus filhos já sofreram alguma forma de *cyberbullying*. As redes sociais são a plataforma mais comum por meio da qual as agressões acontecem – no Brasil, o índice foi um dos mais altos, de 70%. Agravando esse cenário, 25% dos pais entrevistados nunca ouviram falar em *cyberbullying*. Na França, a taxa chega a 50%. Já imaginou o que isso significa para os jovens? Se os pais não conhecem o significado, fica difícil para as crianças e os adolescentes acreditarem que poderão ser acolhidos ou auxiliados de alguma forma por seus pais. E para piorar, acredite você ou não, conheço muitos pais que acham "engraçado" e se sentem orgulhosos por seus filhos serem os "brincalhões" ou "os que adoram sacanear os colegas".

---

[129] NEWALL, 2018.

Por isso, não é de se estranhar que, quando se escutam as crianças e os adolescentes, os números sejam ainda mais alarmantes – sim, a maior parte deles não costuma contar aos pais o que acontece. Um em cada três jovens em 30 países do mundo disse ter sido vítima de *bullying* on-line, com um em cada cinco relatando ter faltado à escola devido a *cyberbullying* e violência, de acordo com uma pesquisa realizada em 2019.[130] No Brasil, os números são ainda maiores: 37% dos entrevistados afirmaram já ter sido vítima de *cyberbullying* e 36% disseram já ter faltado à escola após ter sofrido *bullying* on-line de colegas de classe – a maior porcentagem entre todos os países participantes. O ambiente on-line em que mais ocorrem casos de violência no país é o das redes sociais, com o Facebook em primeiro lugar e o Instagram em segundo. Logo atrás das redes sociais vêm os aplicativos de mensagens, com destaque para o WhatsApp.

E tem mais: segundo um relatório publicado no Reino Unido,[131] dos 30% de adolescentes que declararam já ter sofrido *cyberbullying*, 37% disseram que a agressão era recorrente. O preocupante é que, apesar de quase todas as redes sociais se posicionarem contra essa prática, na realidade elas fazem muito pouco para combatê-la de fato: 91% dos jovens que relataram *cyberbullying* disseram que nenhuma ação foi tomada.

QUADRO 8	*Bullying* na potência máxima: *cyberbullying*

"Eu fui de uma pessoa anônima para alguém publicamente humilhada no mundo todo. Havia um ataque de apedrejadores virtuais. Fui classificada como uma vagabunda, uma vadia. Perdi minha reputação e minha dignidade e quase perdi minha

---

[130] Foram ouvidos 170 mil jovens em 30 países diferentes (PESQUISA..., 2019).

[131] CRAMER; INKSTER, 2017.

vida. Há 17 anos não havia um nome para isso, mas agora podemos chamar de *cyberbullying*."

1995: Monica Lewinsky, estagiária, foi pivô de um dos escândalos mais conhecidos da Casa Branca, que envolvia traição, mentiras, processos e até pedido de *impeachment* do, à época, presidente dos Estados Unidos, Bill Clinton. Recentemente, Lewinsky contou sua história em uma palestra, mostrando como a internet, naqueles anos já distantes, foi utilizada para devastar sua honra e imagem: "a atenção e o julgamento que recebi – não a história, mas o que eu pessoalmente recebi – foram sem precedentes. Fui rotulada como vadia, p#@ta, vagabunda, prostituta, interesseira e, claro, como 'aquela mulher'. Eu era vista por muitos, mas na verdade conhecida por poucos. E eu entendo: era fácil esquecer que aquela mulher tinha uma dimensão, tinha uma alma e que antes estava intacta".

Com seu depoimento, Lewinsky colocou um holofote em um problema gravíssimo que afeta um número incontável de pessoas, especialmente crianças e adolescentes: o *cyberbullying*. Fatalmente, se na época em que Lewinsky foi exposta o dano era alarmante diante da reverberação de notícias a seu respeito, hoje, mais de 20 anos depois, o *cyberbullying* é ainda pior, porque qualquer um pode publicar conteúdos na internet e atingir milhões de pessoas em segundos, em *blogs*, sites e redes sociais, e os danos experimentados por crianças e adolescentes vítimas de *bullying* podem ser tão severos ou ainda piores que aqueles experimentados por Lewinsky, que estava com 22 anos.

Como diferenciar liberdade de expressão de agressão e abuso?

Apesar de a internet ser um mundo sem fronteiras, muita gente se comporta on-line, especialmente nas redes sociais, como se morasse numa cidade pacata, onde se pode desabafar com o vizinho ou com os amigos do bar. Basta navegar rapidamente nas plataformas para encontrar gente falando mal do chefe, do amigo ingrato, do namorado infiel e por aí vai. Há outros que se declaram para uma pessoa que nem sequer tem perfil nas redes sociais, aqueles que ficam dando indiretas que ninguém entende (talvez nem mesmo o destinatário), os que gostam de dar opiniões "na lata" (e, vamos combinar, não solicitadas na maioria das vezes), normalmente sem se dar conta do limite entre sinceridade e falta de educação.

Olha só, não posso perder o parêntese aqui: estamos falando de adultos, o que torna o nosso desafio ainda maior. Resta a nós ensinar, com esses "exemplos", nossas crianças e adolescentes sobre o que não fazer. Ao lado deste grande grupo, temos os que utilizam perfis falsos para, atrás de um falso anonimato (já que, em geral, é possível sua identificação), ofender, magoar e dizer tudo o que pensam, muitas vezes difundindo discursos de ódio ou criminosos. São os "valentes da tela", já que nunca diriam pessoalmente, de cara limpa, o que escrevem por trás do computador ou celular. Ambos agem guiados, segundo os próprios, pelo princípio da "liberdade de expressão", que os faz acreditar, erroneamente, que, na internet, é possível opinar sobre tudo, do jeito como bem entendem.

O resultado disso é a disseminação de uma prática típica do universo digital: os linchamentos e cancelamentos virtuais, que costumam ter origem em um possível descuido da vítima, em uma frase mal interpretada ou retirada de contexto.

O problema é que, se antes esses descuidos ficavam mais restritos a um círculo próximo, hoje tudo ganha proporções enormes com o alcance da internet, que atinge milhões de pessoas com uma rapidez absurda e sem controle algum, em *blogs*, sites e redes sociais. E aí, um pequeno deslize ou comentário infeliz pode gerar consequências desproporcionais. Sem contar que tudo o que cai na rede, em geral, fica lá para sempre.

Digo "em geral" porque, assim que publicado, o conteúdo pode ser visto, copiado, compartilhado e armazenado por milhares de pessoas em questão de segundos. Contudo, isso não significa que não haja o que ser feito. Dependendo de cada caso, é possível pedir remoção do conteúdo, sua atualização, contextualização, direito de resposta, pedido público de desculpas, indenização, entre outras providências. E não se engane acreditando que isso não é possível quando o perfil é "anônimo" ou quando o conteúdo viralizou. Há escritórios especializados nessas medidas, que envolvem o chamado "direito digital", e contam com programas dedicados ao monitoramento da internet (é como se eles "varressem" a internet, atrás de todos os lugares que o publicaram), a fim de identificarem onde esses conteúdos foram parar, a fim de, então, buscarem as medidas adequadas para identificação dos ofensores e minimização dos danos causados às vítimas.

Isso é possível porque o direito à liberdade de expressão não é absoluto. A Constituição Federal Brasileira trata bem disso em vários artigos, sendo que, se por um lado, garante a liberdade de expressão, por outro, veda o anonimato e garante, igualmente, proteção do nome, da honra e da imagem, assim como indenização e direito de resposta diante de eventuais ilícitos. Isso significa que aquele aplicativo que "promete" preservar a identidade do usuário é obrigado a revelar seus dados em caso de suspeita de violação aos direitos de outra pessoa. E por esse ambiente sadio na internet, para além da Constituição Federal, temos o Código Civil, o Marco Civil da Internet, a Lei de combate ao *(Cyber)bullying* e o Código Penal.

Mas vale ressaltar que, ainda que seja feita uma "varredura" na internet, nada garante que o conteúdo não será novamente publicado. E ainda, agravando esse cenário já crítico, há a possibilidade de esse linchamento sair do ambiente virtual e invadir o mundo físico. Basta pesquisar um pouco no Google para encontrar casos como o de uma dona de casa que foi agredida e morta por causa de um boato na internet.[132]

Tudo isso impede que a vítima possa simplesmente "esquecer" o que aconteceu e seguir adiante,[133] havendo casos em que a vítima

---

[132] SOLER, 2015.

[133] ROSSI, 2014.

passa a sofrer de depressão, a se automutilar ou, acreditando que nada poderá minimizar sua dor, tenta ou comete suicídio.[134]

Assim, o que começou com uma "brincadeira" de mau gosto ou com posts e opiniões escritas de cabeça quente, de forma impulsiva, com base em uma equivocada liberdade de expressão, pode levar a vítima, os ofensores e as testemunhas a consequências irreversíveis. E vale destacar aqui que frases de defesa como "estava muito nervoso", "muito chateado", "não achei que haveria esse desdobramento" são, em sua maioria, irrelevantes para o direito.

Já ouviu falar de crimes contra a honra?

Temos direito à liberdade de expressão, mas...

Riscos legais e responsabilidades

Como mencionamos anteriormente, até quem não postou, mas curtiu e compartilhou um post ofensivo, pode ser responsabilizado judicialmente, já que contribuiu para a disseminação do conteúdo e para o sofrimento da vítima. Esse princípio se aplica também para notícias falsas, trágicas ou sensacionalistas, que exponham as pessoas envolvidas. Lembra que no Capítulo 2 falei sobre o papel dos pais no caso de danos causados por seus filhos menores de idade? Pois é, aquilo continua válido aqui. E vale ressaltar que, apesar de o Estatuto da Criança e do Adolescente e a Constituição Federal estabelecerem

---

[134] SCAVACINI; GUEDES; CACCIACARRO, 2019.

como inimputável o menor de 18 anos, os crimes tipificados no Código Penal quando praticados por crianças e adolescentes são considerados atos infracionais, passíveis de aplicação de medidas de proteção e socioeducativas, como advertência, obrigação de reparar o dano, prestação de serviços à comunidade, restrição de direitos, entre outras, a depender da gravidade da infração.

Consciência digital acima de tudo

Muitas pessoas, não somente as crianças e os adolescentes, acabam extrapolando no direito à liberdade de expressão por terem a falsa ilusão de que não serão punidos ou descobertos, já que muitos se valem de perfis falsos ou de aplicativos que prometem o anonimato. Nós, pais, somos responsáveis civilmente – seja por ação ou omissão – pelos atos praticados por nossos filhos, e quanto a isso o desconhecimento da lei não vale como desculpa. Por isso, reforço: precisamos explicar aos nossos filhos sobre as implicações de emitir, curtir ou compartilhar opiniões impensadas na internet – e isso vale para os grupos de amigos, da família e, até mesmo, para conversas com uma pessoa em particular. Se é uma opinião polêmica ou ofensiva, que você não diria para todos, repense ou converse pessoalmente.

Conversar com nossas crianças e adolescentes a respeito faz e fará importante diferença em seu comportamento quando estiverem diante de situações como as compartilhadas acima. Sempre, em qualquer ocasião, sobre qualquer tema, é preciso pensar antes de postar, ter bom senso antes de julgar os outros, exercer a empatia e não se esquecer de que conteúdo digital não tem devolução.

No ambiente digital, quando a gente perde o controle, às vezes um pedido de desculpas ou mesmo o ato de desmentir algo pode não ser suficiente, porque a internet alcança muita gente em momentos e situações distintas, então não é possível garantir que o pedido de desculpas será visto pelas mesmas pessoas que viram a ofensa, que leram a mentira. Por isso, cabe lembrar se estiver muito bravo, muito feliz ou muito triste, não poste; muito aborrecido, também não. Na internet, escrevemos à caneta, não tem como apagar, e um segundo pode mudar tudo para sempre.

MÃO NA MASSA

Como prevenir e lidar com o *cyberbullying*

Sinais de alerta para *cyberbullying*

Determinadas alterações no comportamento da criança ou do adolescente podem indicar que ele está sofrendo algum tipo de intimidação. Quando notamos alguma dessas situações,[135, 136] é hora de aumentarmos ainda mais nossa atenção para compreender o que pode estar havendo e como podemos ajudar. São elas:

- Objetos pessoais "perdidos" ou danificados com frequência;
- Lesões físicas e machucados sem explicação;
- Recusa em ir à escola, alegando dores, doenças inexistentes ou outras desculpas não factíveis para faltar às aulas;
- Queda no rendimento escolar;
- Pedidos ou roubos de dinheiro;
- Nervosismo, perda de confiança, retração, angústia;
- Dificuldades para comer ou dormir;
- Comportamento agressivo com outras pessoas;
- Perda da vontade de ir a festas e encontrar amigos;
- Apatia, tristeza, crises de ansiedade e pânico;

---

[135] BULLYING..., 2021.
[136] BORELLI; ZAMPERLIN, 2018.

Para não termos nossos filhos envolvidos com a prática

Eis mais alguns combinados que podem integrar aquele contratinho que sugeri no Capítulo 2 sobre navegar de forma consciente pela internet:

Seja cuidadoso com os outros ao postar ou enviar uma mensagem. Se alguém pedir que você não poste algo sobre ele, que apague uma foto ou tire uma marcação do nome dele, procure fazer imediatamente o que a pessoa pede. Da mesma forma, não poste fotos de outras pessoas sem que elas permitam. Afinal, é o que você gostaria que fizessem se você pedisse, não é?

Não desabafe, reclame ou faça comentários maldosos em espaços públicos on e off-line, especialmente sobre pessoas ou organizações específicas. Mesmo que você tenha razão, as pessoas vão julgá-lo negativamente por essa atitude. E você não pode se esquecer de que internet é um espaço público e sem fronteiras. Procure ter o mesmo cuidado em ambientes aparentemente privados ou ao enviar mensagens diretas para pessoas em quem você acha que pode confiar. Você nunca sabe quem pode eventualmente ver suas postagens ou acessar os dispositivos dessa pessoa.

Não se envolva com a galera errada on-line. Evite aceitar todos os pedidos de amigos e seguidores que aparecerem. Ter muitos seguidores não é um indicador de status, como muita gente faz parecer, e pode só aumentar o risco de você se tornar vítima de *cyberbullying*, ao dar a estranhos acesso a suas informações pessoais. É verdade que muitos daqueles que podem intimidá-lo não são totalmente estranhos. Então, seja seletivo! É importante avaliar sua lista de amigos e seguidores regularmente e reservar um tempo para eliminar dela aqueles em quem você não confia, com quem tem uma amizade superficial e com quem provavelmente nunca mais vai falar.

Tenha cuidado com as supostas "amizades" virtuais. Você pode ser esperto o suficiente para não postar aquela foto sua tomando guaraná num copo de cerveja, mas seu amigo pode fazer isso e ainda marcar você com a tag #tomoutodas. Já pensou? Você também pode não querer que os outros vejam sua dancinha na festa do último fim de semana, mas onde não existe uma câmera de celular hoje em dia? Se você sair com pessoas que não se importam com você ou sua reputação, elas podem aproveitar essas oportunidades para postar fotos ou vídeos seus para que outras pessoas vejam e comentem de maneira muitas vezes depreciativa ou maldosa.

Não se sinta obrigado a responder mensagens incômodas e indesejadas de seguidores ou contatos. Isso abre espaço para que pessoas pouco confiáveis se comuniquem com você. Também procure usar os filtros das redes sociais para que certos conteúdos que você compartilha só sejam vistos por aqueles contatos em quem você confia.

Não poste quando você estiver irritado ou emocionalmente abalado. Procure sair de perto do celular ou do computador, fechar o aplicativo. É recomendável descansar a cabeça por algumas horas ou dias e dedicar algum tempo para pensar na melhor ação ou resposta. Ter uma reação rápida, baseada na emoção, quase nunca é útil para resolver um problema e pode piorar a situação.

Faça regularmente uma pesquisa na internet sobre o seu nome para ver o que aparece. Pode começar com o Google, mas também use os mecanismos de pesquisa específicos das redes sociais, bem como sites que indexam informações pessoais sobre usuários da internet. Se encontrar informações indesejadas sobre você, pesquise sobre como fazer para excluí-las. Os principais sites têm mecanismos que permitem solicitar a remoção.

Tenha cuidado redobrado com a exposição on-line de convicções políticas, religiosas ou outros temas sensíveis. A internet não é o melhor lugar para tratar de questões sensíveis e polêmicas, especialmente em fóruns, comentários ou outros locais em que não há uma comunicação em tempo real, com ou sem uma câmera ligada. Isso porque, ao contrário do que costuma ocorrer em uma conversa pessoalmente, esses temas publicados de forma "estática" (você publica e "espera" o que irão dizer) não tendem a gerar um debate sadio, com respeito e argumentações de ideias, caminhando para ofensas pessoais, julgamentos e interpretações equivocadas. Ademais, somos livres para navegarmos por diferentes ideias e podemos mudar de opinião (o que é muito comum ocorrer com os jovens, que ainda estão caminhando no seu processo de descoberta), contudo, conteúdo na internet não tem devolução, lembra? Por isso, se possível, prefira debater esses temas pessoalmente.

Além da linguagem, observe a intenção e o contexto. O sarcasmo, a ironia e o humor podem não ficar claros nas conversas on-line, o que pode causar mal-entendidos, assim como frases fora do contexto.

Nunca abra mensagens não solicitadas e não identificadas. Seja em e-mails, nas redes sociais ou no WhatsApp, é importante nunca abrir mensagens de pessoas que você não conhece ou de gente que você sabe que gosta de intimidar os outros. Apague-as sem ler. Elas podem conter vírus que infectam automaticamente seu dispositivo quando são abertas. E nunca clique em *links* enviados por pessoas que você não conhece. Eles também podem instalar vírus que coletam suas informações pessoais.

Faça sempre o *logout* de contas on-line. Evite salvar senhas automaticamente no seu navegador da web por conveniência e não fique logado quando sair de perto do computador ou do celular. Não dê a ninguém a menor chance de se passar por você. Caso se esqueça de sair da sua rede social ao usar o computador na biblioteca, por exemplo, a próxima pessoa que acessá-lo pode entrar em sua conta e causar problemas significativos.

Não pratique *cyberbullying*. Procure tratar os outros como você gostaria de ser tratado. Se você se comporta mal com os outros, como poderá exigir ou desejar respeito? Seja um exemplo para seus amigos, isso é bom para você agora e para o seu futuro.

Desconfie de todas as informações na internet. Antes de sair por aí curtindo, comentando e/ou compartilhando notícias, é importante olhar com mais atenção. Se encontrar erros de português, não houver indicação da fonte, os detalhes se contradizerem e perceber tom muito sensacionalista, passe batido. Ainda assim, se estiver certo de que a notícia é mesmo verdadeira, pergunte-se: compartilhar vai ajudar ou atrapalhar? Caso atrapalhe, evite. Não contribua para tornar a internet um lugar pior (*saiba mais detalhes sobre as* fake news *no Capítulo 8*).

O que fazer se descobrir que uma criança ou adolescente é/foi vítima de *cyberbullying*

Quanto mais rapidamente você agir, melhor. Procure tomar todas as providências necessárias para conter e reduzir os danos bem como ajudar a vítima a superar a situação. Como em outros casos de abuso, ela pode culpar a si mesma, daí a importância de propormos, com muito amor e o quanto antes, um bate-papo que pode começar[137]:

1. Explicando o que é *bullying* e *cyberbullying* e perguntando se algo assim aconteceu com ela.
2. Sempre mantendo a calma e o equilíbrio, escutando atentamente o que tem a contar sobre a situação.
3. Com um abraço, estimulando-a a dizer o que a aflige, quais são seus ofensores e suas testemunhas.
4. Parabenizando-a pela atitude e coragem em compartilhar com você – ela pode se sentir assustada ou envergonhada por estar sendo intimidada e ficar preocupada com o que acontecerá por ter contado a alguém.
5. Reforçando que não é culpa dela o que aconteceu e apoiá-la para que volte a se sentir segura.
6. Assegurando que vai levar a sério o que lhe contou.
7. Explicando o que você fará sobre a situação.
8. Não a impedindo de usar a internet ou o celular, porque isso não ajuda a mantê-la segura e pode parecer que está sendo punida, o que pode levá-la a não contar a você se acontecer novamente.
9. Ensinando-a a bloquear qualquer pessoa que poste coisas agressivas sobre ela em cada aplicativo ou serviço on-line que usar.
10. Verificando regularmente como ela está e lembrando-a que, quando quiser, pode falar com você sobre o que está sentindo.
11. Ajudando-a a relaxar e dar um tempo da internet, fazendo coisas que a faça sentir-se bem, como ouvir música, tocar um instrumento ou praticar esportes.
12. Buscando ajuda especializada (jurídica e psicológica) se sentir e entender necessário.
13. Denunciando o *bullying* nas plataformas on-line onde a ação ocorreu, como uma rede social ou um *chat* de jogos on-line.

---

[137] BULLYING..., 2021.

14 Envolvendo outras pessoas que possam ajudá-la a conter as atitudes do agressor (a escola, por exemplo, quando o agressor for desse ambiente).

15 Buscando o diálogo e, se o agressor também for uma criança ou um adolescente, conversar com os respectivos pais e educadores, para que possam encontrar a melhor solução.

16 Consultando também o item "Como lidar com os haters", no Capítulo 4.

Como denunciar

Se o *bullying* envolver assédio e intimidação contínua ou um crime de ódio, como racismo ou homofobia, é importante denunciar às autoridades e tomar algumas atitudes para diminuir os danos. Compartilho aqui um passo a passo do que fazer. São as mesmas medidas que você deve tomar em caso de assédio sexual na internet, como abordei no Capítulo 6[138]:

1 Procure preservar todas as evidências e o máximo possível de informações sobre as páginas e as mensagens em que ofensas, chantagens e ameaças foram feitas ou o conteúdo foi compartilhado: URLs, *prints* das telas, e-mails, vídeos, áudios e conversas. Você também pode registrar todo esse material como ata notarial em um tabelionato de notas ou buscar orientação jurídica para outros meios de preservação de provas digitais. Isso ajuda a atestar que o material é verídico.

2 A depender da gravidade e dos desdobramentos, procure a delegacia mais próxima para registrar o crime e evitar que o agressor fique impune e possa fazer mais vítimas. Se possível, vá a uma delegacia especializada em crimes cibernéticos. Outros canais de denúncia são: Conselho Tutelar, Ministério

---

[138] O QUE..., 2021.

Público, Disque 100, Disque 180, Ministério da Justiça, Polícia Federal, SaferNet (http://new.safernet.org.br/helpline) e Aplicativo Proteja Brasil (http://www.protejabrasil.com.br). Se preferir, contate um advogado especialista em crimes cibernéticos para orientá-lo nesse processo.

3 Pelo Marco Civil da Internet, os provedores e plataformas digitais têm obrigação legal de remover conteúdos que envolvam exposição não autorizada. E as próprias plataformas proíbem o envio de ameaças e intimidações. Então, entre em contato com a empresa na qual o conteúdo foi postado e solicite sua remoção, por meio do botão "denunciar". Se não resolver, você poderá buscar auxílio jurídico para o envio de uma notificação extrajudicial ou ajuizamento de uma ação judicial.

4 Lembre-se de solicitar também a remoção nos mecanismos de busca da internet, para que o conteúdo não apareça mais associado ao nome da criança ou do adolescente nos resultados das pesquisas. O Google, por exemplo, oferece um formulário para solicitar a remoção. Esse formulário deve ser preenchido pelos pais, advogados ou outros representantes legais da criança ou do adolescente. Já o Facebook tem um canal específico para denúncia de *bullying* (https://www.facebook.com/safety/bullying).

E se quem estiver praticando (ou incentivando) o *cyberbullying* for meu filho?

Se você descobrir que sua criança ou seu adolescente está intimidando ou agredindo outras pessoas, não deve se omitir. É natural se sentir desapontado, mas é fundamental agir imediatamente para evitar situações mais graves. Com amor e sem julgamentos precipitados, convide seu filho para uma conversa e então[139]:

---

[139] BULLYING..., 2021; BORELLI, 2022d.

1. Busque compreender por que ele está agindo dessa forma e incentivá-lo a refletir sobre sua atitude e a importância de colocar-se no lugar do outro.
2. Mostre a ele que atos de perseguição e violência são inaceitáveis. Crianças e jovens nem sempre percebem que o que estão fazendo é *bullying* ou entendem o quanto suas ações magoaram alguém.
3. Explique as consequências que esse tipo de conduta pode ter e faça com que se desculpe com a vítima.
4. Ajude-o a perceber como o que fez afetou a outra pessoa. Você pode perguntar como ele acha que a outra criança ou adolescente está se sentindo e lembrar como se sentiu quando alguém disse ou fez algo desagradável com ele.
5. Pergunte se ele tem alguma dúvida sobre por que suas ações precisam mudar.
6. Procure conhecer seus amigos, inclusive os virtuais e *influencers* do momento, seus interesses e necessidades, mantendo ou restabelecendo um diálogo mais próximo.
7. Se for preciso, busque auxílio profissional.

Dicas de segurança que ajudam a combater e prevenir o *bullying* e o *cyberbullying*[140]

1. Manter os softwares de antivírus e o controle parental atualizados. Eles poderão auxiliá-lo a identificar um eventual *cyberbullying*, seja como vítima, infrator ou testemunha.
2. Definir regras claras de comportamento na internet. As regras que valem fora da internet também são válidas no mundo virtual.
3. Ser sempre vigilante e acompanhar a relação e as interações dos nossos filhos: verificando o histórico de navegação, configurando a privacidade das redes sociais utilizadas por eles e conversando sobre os conteúdos acessados e publicados.

---

[140] TOOLS..., 2021.

4. Instruir os filhos sobre regras na internet, mostrando o que não deve ser veiculado, seja porque diz respeito à intimidade, seja porque é ofensivo, ameaçador, ilegal ou imoral, de alguma maneira.

5. Orientar sobre o uso da webcam, definindo quando e com quem pode ser usada. Ensinar nossos filhos a mantê-la desligada ou coberta quando não estiver em uso também é importante, pois, a partir de um *malware*, terceiros podem acessá-la remotamente, sem que eles saibam, e isso pode ter consequências desastrosas, entre elas o *bullying*.

6. Estabelecer uma conversa contínua. Lembra-se sobre o que conversamos anteriormente sobre a semelhança do cérebro dos nossos filhos à musculatura? Agindo assim, os faremos ficar cada dia mais fortes. Pesquisas indicam que os adultos são em geral os últimos a saber quando as crianças são intimidadas ou intimidam outras pessoas. Para evitar isso, é importante buscar saber sobre a vida dos filhos. Perguntar sobre com quem eles passam o tempo na escola e na vizinhança, o que fazem entre as aulas e no recreio, com quem almoçam ou o que acontece no caminho de ida e volta para a escola. Se nossos filhos se sentirem confortáveis falando conosco sobre seus colegas, é muito mais provável que nos envolvam caso tenham algum problema.

7. Ser um bom exemplo de bondade e empatia. As crianças e os adolescentes aprendem muito sobre relações observando os adultos que os cercam. Quando ficamos com raiva de um garçom, um balconista, outro motorista na estrada ou ficamos bravos com nossos filhos, temos uma grande oportunidade de mostrar a eles como se comportar de forma ética e responsável nessas situações. Sempre que falamos com outra pessoa de uma forma maldosa ou agressiva, estamos ensinando aos nossos filhos que a violência verbal é aceitável.

8. Criar hábitos saudáveis. Mostrar desde cedo, já na pré-escola ou no jardim de infância, que não é correto ser cruel ou agredir

física ou verbalmente os colegas. Precisamos ensinar nossos filhos que gentileza e empatia são importantes para nossa família e para a vida em sociedade.

9. Falar sobre o *(cyber)bullying* em casa. Nossos filhos precisam saber claramente o que caracteriza a prática (muitas crianças não sabem que estão intimidando outras pessoas) e ouvir que não é normal, certo ou tolerável intimidar, ser intimidado ou não intervir de alguma forma quando outras crianças são intimidadas. Eles devem estar seguros de que, se forem intimidados ou presenciarem uma agressão (na escola, por um irmão, na sua vizinhança ou on-line), podem contar para você e pedir ajuda.

10. Encorajar os adolescentes a se posicionarem diante do que acreditam ser o certo a fazer, ainda que isto represente contrariar algum colega.

AGORA SENTE AQUI, VAMOS CONVERSAR

Por tudo o que falei aqui, acredito que tenha ficado claro que o *bullying* e o *cyberbullying* não podem ser considerados como algo "normal" da infância ou adolescência, assim como não devemos hesitar em agir diante de situações de intimidação, com a justificativa de que isso faz parte da vida e que pode ajudar nossos filhos a se tornarem mais fortes e resilientes.

Podemos dizer aos nossos filhos que não há nada de errado em ter maior ou menor afinidade com certas pessoas, mas o respeito deve ser igual com todos e para todos, seja on, seja off-line. Ou seja, a etiqueta digital tem de ser igual à do mundo presencial. E esse é um tipo de exercício que a família deve praticar no cotidiano como algo natural, normal. Se no dia a dia a tolerância, a empatia, o respeito à opinião do outro e o cuidado no trato acontecem, não tem como nossos filhos se sentirem confortáveis fazendo diferente na internet.

E a escola tem um papel muito importante nesse processo. Houve um tempo em que os principais desafios da sala de aula eram notas baixas e conversas paralelas. Hoje, com o advento e a presença cada vez mais constante das novas tecnologias, os desafios são aqueles e outros tantos mais. Sabemos, pais e educadores, que somos responsáveis moral e civilmente por nossos filhos e alunos, mas poucos se dão conta que, em tempos de internet, falhar nesse papel pode gerar sérios e por vezes irreversíveis desdobramentos.

Não dá para pensar nos mesmos problemas com uma geração que dispõe de novos acessos. Hoje é possível o contato dos alunos com o mundo externo mesmo sob os domínios físicos da escola, o que potencializa a responsabilidade e o compromisso desta em garantir sua segurança e impedir que se tornem vítimas ou infratores de crimes digitais.

Claro que precisamos estar cientes dos aspectos jurídicos que norteiam o assunto, mas sempre procurei deixar muito claro aos meus filhos e alunos que não devemos deixar de fazer o mal a alguém só porque a lei proíbe, mas, sim, porque respeitamos o próximo e não devemos fazer o que não gostaríamos que fizessem conosco ou com quem amamos. Simples assim.

Conhecendo para prevenir
bullying e cyberbullying

Podemos dizer aos nossos filhos que não há nada de errado em ter maior ou menor afinidade com certas pessoas, mas o respeito deve ser igual com todos e para todos, seja on, seja off-line.

Foto: Shutterstock/sdecoret

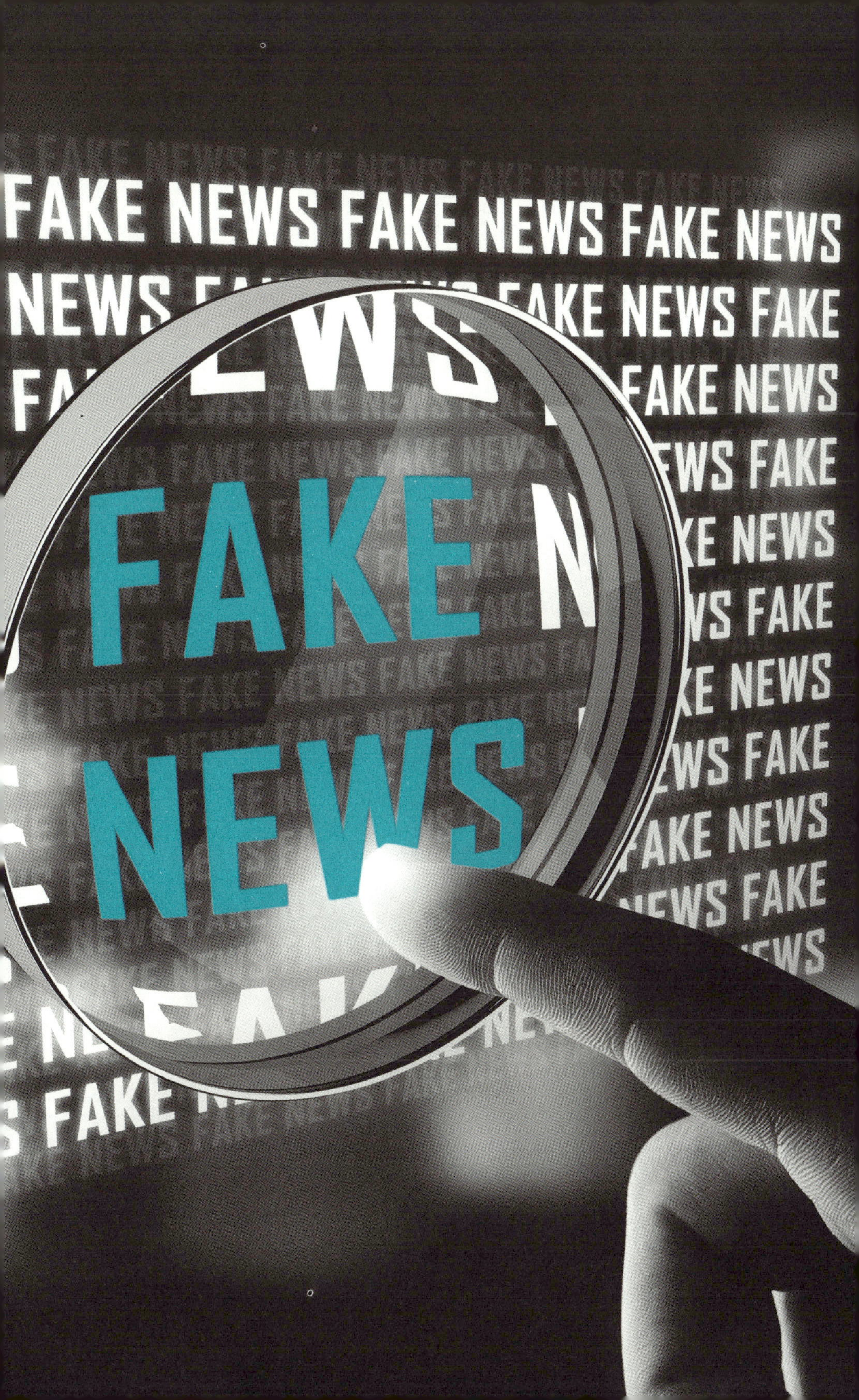
FAKE NEWS FAKE NEWS FAKE NEWS
FAKE
NEWS

CAPÍTULO 8

Deep fake e fake news

Brincando com coisa séria

*É fundamental diminuir a distância
entre o que se diz e o que se faz,
de tal forma que, num dado momento,
a tua fala seja a tua prática.*
Paulo Freire

"Se está na internet, então deve ser verdade." Não! De jeito nenhum! Ao contrário, se está na internet, e não num livro ou num jornal, aí é que devemos ter muito mais cuidado com a informação.

E sabe por quê? Porque na internet qualquer pessoa pode divulgar o conteúdo que quiser e do jeito que quiser, sem qualquer controle. Não há, como nas empresas de comunicação e nas editoras de livros, alguém responsável por fazer o filtro do que se publica. Por meio de perfis falsos e outras ferramentas, os mal-intencionados da internet conseguem dificultar e retardar sua identificação, o que os estimula a difundir mentiras, boatos e notícias sensacionalistas.

Justamente por essa característica do universo digital, as *fake news* (notícias falsas) viraram uma verdadeira praga, com um enorme impacto negativo na sociedade.

As *fake news* podem prejudicar a convivência das pessoas e a ordem pública. Boatos com cara de notícia, acompanhados de fotos e vídeos falsos e disseminados por meio das redes sociais e aplicativos de mensagens, já provocaram até, como mencionado acima, a morte de pessoas inocentes no Brasil[141] e em diversos países. Esse problema se tornou tão sério que levou o WhatsApp a limitar o número de mensagens que podem ser encaminhadas entre os usuários, para tentar conter a divulgação de boatos.[142] O grande problema é que, como essas informações circulam de uma forma extremamente rápida, antes que se consiga provar que o boato é falso, o mal já está feito, com consequências muitas vezes devastadoras.

E não para por aí: informações falsas também afetam os negócios, prejudicando a credibilidade de marcas e pessoas. Por exemplo, quando compramos algo on-line, olhamos a avaliação dos usuários para ter certeza de que o produto ou o serviço é bom ou não, certo? Pois é, um artigo muito interessante[143] que li recentemente revelou, após uma análise das avaliações de produtos na plataforma Amazon, um crescimento nas notas dadas por usuários que sequer haviam adquirido os produtos avaliados e, portanto, não os experimentaram. Detalhe: 98,2% dessas avaliações falsas davam cinco estrelas para o produto. Mas há também avaliações falsas negativas, feitas para evitar que os consumidores adquiram determinado item, provavelmente realizadas por empresas concorrentes.

E tem até quem ofereça esse tipo de serviço. Um empresário italiano chegou a ser condenado à prisão e ao pagamento de multa por vender avaliações falsas numa plataforma de estabelecimentos turísticos.[144] Embora essa prática – assim como a compra de *likes*, *retweets* e seguidores falsos em redes sociais – seja ilegal em alguns lugares, muita gente faz isso para se tornar um "*influencer*" ou "celebridade" e atrair patrocinadores.[145]

---

[141] RIBEIRO, 2014.

[142] WHATSAPP..., 2018.

[143] KAUFMAN, 2019.

[144] EMPRESÁRIO..., 2018.

[145] AUGUSTO, 2017.

Veja que iniciativa interessante realizada por um professor em uma escola de São Paulo: ele mostrou aos seus alunos, durante um *workshop*, um vídeo sensacionalista no qual uma ONG pedia dinheiro para seus projetos de apoio a pessoas carentes. Todos ficaram muito sensibilizados com as informações compartilhadas no vídeo, alguns até choraram pelas imagens que viram. Depois da apresentação, o professor passou a revelar detalhes sobre as inconsistências do vídeo, os problemas das imagens e a informação de que a instituição e as pessoas eram falsas e o ato, criminoso. Os alunos, claro, ficaram muito desapontados por terem sido enganados. Mas o fato é que esse tipo de material é mais comum do que pensamos, infelizmente, e a experiência foi importante.

Notícias falsas existem desde sempre

A manipulação de informações é uma prática muito antiga. Há registros de disseminação de notícias falsas desde, pelo menos, o século VI.[146] Também é famoso o caso do programa Guerra dos Mundos, transmitido via rádio em 1938 pelo cineasta Orson Welles,[147] que causou pânico em várias cidades nos Estados Unidos. Tratava-se de uma peça de radioteatro, mas, por ter sido elaborada em forma de programa jornalístico, muitas pessoas acreditaram que a invasão extraterrestre narrada era real.

E hoje isso continua acontecendo, em uma escala muito maior. Um estudo norte-americano revelou que as *fake news* circulam de

---

[146] VICTOR, 2017.
[147] TESCHKE, 2020.

forma 70% mais rápida e atingem muito mais pessoas do que as notícias verdadeiras.[148] Sabe o que isso significa em números? Que cada notícia verdadeira é lida, em média, por mil pessoas; já as notícias falsas mais populares podem chegar a 100 mil pessoas. Isso acontece porque as pessoas são atraídas pela novidade, pelo senso de urgência presente nas mensagens e pelo tom emocional, o que também as incentiva a compartilhá-las com amigos e familiares.

E nem adianta jogar a culpa nos *bots*, os robôs da internet. Segundo os pesquisadores, os robôs aceleram a disseminação de informações falsas e verdadeiras na mesma proporção. Então, se as *fake news* se espalham mais, é porque nós, os usuários das novas tecnologias, também somos os responsáveis por isso.

Há ainda duas outras questões envolvidas nas *fake news* que as tornam tão populares: o viés de confirmação e o recebimento por pessoas conhecidas. O viés de confirmação ocorre quando a notícia falsa confirma uma opinião preexistente e faz com que a pessoa se sinta tão realizada que a compartilha sem verificar a veracidade dos detalhes da informação (e os algoritmos são craques em mostrar para os usuários conteúdos com esse viés). E, quando recebemos notícias de familiares, amigos ou conhecidos, também temos a tendência de deixar a desconfiança de lado e compartilhá-las sem questionar.[149]

É uma tendência natural do ser humano querer pertencer a um grupo, seja no mundo real, seja no universo digital, o que faz com que as pessoas acabem postando ou compartilhando qualquer conteúdo, sem conferir, quando ele reforça as opiniões e crenças desse grupo, que também são as suas.

A grande questão é que os cuidados que apontei no capítulo sobre *cyberbullying* devem ser seguidos também em relação às *fake news*. Afinal, como vimos, quem cria, curte ou compartilha uma *fake news* pode ser responsabilizado judicialmente pelos danos

---

[148] CASTRO, 2018.

[149] D'URSO, 2020.

causados. Sem contar que, a depender do teor da notícia falsa, o propagador pode responder criminalmente, já que, de acordo com o artigo 41 da Lei das Contravenções Penais (LCP), provocar alarme, anunciando desastre ou perigo inexistente, ou praticar qualquer ato capaz de produzir pânico ou tumulto é crime, com pena que pode ir da aplicação de multa à simples prisão, de quinze dias a seis meses.

Entendo que esses são motivos suficientes pelos quais devemos ensinar nossas crianças e nossos adolescentes a identificarem notícias falsas e não contribuírem para a sua disseminação. Na dúvida, não curta, comente ou compartilhe.

Redes sociais como fonte de notícias

Outro ponto que contribui para tornar esse cenário mais complicado é que as redes sociais passaram a ser a principal fonte de notícias para muitos usuários da internet. Segundo uma pesquisa[150] feita com mais de 92 mil entrevistados em 46 países do mundo, 83% dos internautas brasileiros utilizam a internet como fonte de notícia, seguida por televisão e mídia impressa. Quando se consideram apenas as mídias sociais, a taxa é de 63%, maior que a de TV, que é de 61%. As redes que os brasileiros mais acessam em busca de notícias são o Facebook (47%) e o WhatsApp (43%).

Em princípio, essa preferência pelas redes sociais como fonte de notícias não é um problema. Mas pode se tornar, caso a pessoa não se dê conta de que se trata de uma *fake news* e passe o conteúdo adiante. E isso pode ser particularmente crítico para os jovens, já que são eles os que preferem canais jornalísticos on-line, enquanto a TV e a mídia impressa são as principais fontes para as pessoas acima dos 55 anos.

A boa notícia é que as pessoas estão ficando mais atentas à questão das *fake news*. É crescente a preocupação dos usuários de

---

[150] NEWMAN *et al.*, 2021.

internet em identificar o que é real e o que é falso no consumo de informações. E o Brasil é o país onde esse receio apareceu de forma mais significativa (82%). Os brasileiros apontaram o WhatsApp como a principal plataforma de disparo de mensagens falsas (35%), seguido pelo Facebook (18%).[151]

Apesar dessa preocupação, ainda há uma grande dificuldade em identificar quando uma notícia é falsa. De acordo com um estudo, no Brasil, 16% da população não sabe o que significa a expressão *fake news*, e 62% disseram não ser capazes de reconhecer uma notícia falsa; apenas 42% questionam o que leem.[152]

Agora, reflita comigo: se é difícil para os adultos identificarem um conteúdo como falso, como será para crianças e adolescentes? Segundo a pesquisa *TIC Kids Online* 2019, 33% dos jovens com idade entre 11 e 17 anos afirmaram que não são capazes de verificar se uma informação encontrada na internet está correta – essa porcentagem sobe para 53% entre as crianças de 11 e 12 anos.

Imagine se essas crianças receberem no grupo de amigos da escola uma destas mensagens: "Se em x tempo você não compartilhar esta mensagem, algo muito ruim vai acontecer" ou "Acabei de ganhar um álbum da Copa do Mundo com 100 figurinhas. Cadastre-se e ganhe também!". Você acha que conseguirão resistir a esse tipo de apelo e não cair em mais um dos inúmeros golpes que são aplicados todos os dias na internet?

Deep fake

Para complicar esse cenário, os criminosos da internet agora também estão se valendo das *deep fakes*. Nunca ouviu falar? Estamos falando de uma tecnologia utilizada para criar vídeos falsos super-realistas, com pessoas fazendo e dizendo coisas que nunca falaram ou

---

[151] NEWMAN *et al.*, 2021.

[152] MAIS..., 2020.

fizeram de verdade. São conteúdos falsos elaborados a partir da manipulação muito sofisticada de vídeos, áudios e imagens, utilizando inteligência artificial. Com isso, fica muito difícil, para as pessoas comuns, identificar à primeira vista que o conteúdo não é real e foi adulterado.

Um exemplo clássico é o vídeo em que falas do ator Jordan Peele são colocadas, literalmente, na boca do ex-presidente norte-americano Barack Obama.[153] É impressionante, recomendo que você assista para entender a seriedade desse assunto.

How the Obama/Jordan Peele's *deep fake* actually works - BBC

Notícia errada não é *fake news*

É muito importante deixar claro que notícia errada não é *fake news*, pelo menos quando se trata de um equívoco involuntário, não intencional. É muito comum que políticos chamem de *fake news* as notícias com erro publicadas por veículos de comunicação sérios, em especial quando estas não são favoráveis a eles. Porém, quando o veículo tem credibilidade, se alguma notícia ou outro tipo de conteúdo é publicado com erro, ele logo é reconhecido, e o material é republicado com a correção.

Isso não acontece com as pessoas e os grupos que disseminam *fake news*, já que nesses casos elas são intencionalmente elaboradas de forma incorreta para atingir determinado objetivo, usando uma roupagem jornalística para enganar os desavisados.

---

[153] PEELE, 2018.

O combate às *fake news* passa pela educação

Os países mais avançados em educação são considerados mais capazes de lidar com os impactos das *fake news*. O primeiro lugar no Índice de Alfabetização em Mídia de 2019 ficou com a Finlândia, país que costuma ficar sempre entre os melhores nas avaliações internacionais de ensino.[154]

Para ajudar na tarefa de conscientizar crianças e adolescentes sobre as *fake news*, pelo menos fazendo aquilo que está ao alcance da família, organizei uma série de informações e dicas que você pode multiplicar para além de sua família. Que tal?

> Você sabia que cerca de 12 milhões de pessoas difundem notícias falsas sobre política no Brasil e que o alcance delas pode chegar a praticamente toda a população brasileira?[155]

MÃO NA MASSA

Como identificar as *fake news*[156]

Como vimos, identificar o que é falso e o que é verdadeiro é complicado mesmo, devido aos artifícios utilizados pelos criadores de *fake news*. Mas algumas ações e a atenção a alguns detalhes podem dar uma pista de que um conteúdo não é verdadeiro ou não é confiável. Olhe só:

---

[154] THE MEDIA..., 2019.
[155] MARTINS, 2017.
[156] HOW TO SPOT..., 2017; FREITAS, 2016; SALAS, 2021.

1. Desconfiar de títulos alarmantes e não ficar só na manchete. Leia a notícia completa, porque os títulos costumam ser chamativos (e às vezes ter duplo sentido) justamente para atrair mais cliques.

2. Perguntar-se se a notícia faz sentido ou parece uma piada, ponderando se não é uma sátira.

3. Analisar se a notícia apresenta preconceito. Perguntar-se se seus valores e crenças estão afetando seu julgamento.

4. Confirmar se a fonte é confiável. Para isso, pode-se entrar no site original da notícia, verificar se tem credibilidade e se há um meio de contato com a equipe encarregada pela informação. Desconfiar daqueles em que não há descrição de quem são as pessoas responsáveis pelo conteúdo. Sites que contam com o trabalho de jornalistas profissionais têm critérios para checar as informações antes de publicá-las e corrigem eventuais erros.

5. Desconfiar também de sites com formatação estranha, excesso de propagandas, janelas que se abrem automaticamente durante a leitura. Deve-se ficar atento também à grafia e à terminação do endereço do site. Alguns sites de *fake news* usam URLs parecidas com o de sites e jornais sérios, com pequenas mudanças. Cuidado com aqueles que se parecem com veículos brasileiros, mas não têm a terminação "br".

6. No caso de uma notícia ou *print* com a declaração de uma figura pública, verificar nos canais oficiais daquela pessoa se o conteúdo é verdadeiro ou se há uma entrevista original, publicada em um veículo sério, com a declaração. É importante checar também se o perfil que divulgou é oficial e verificado. Há pessoas que criam perfis não oficiais ou

falsos de celebridades e divulgam conteúdos polêmicos ou não verdadeiros.

7 Verificar quem é o autor da notícia. Pesquisar sobre ele para saber se existe mesmo e é confiável. E desconfiar de vídeos ou áudios gravados por completos desconhecidos. Qualquer um pode fazer um vídeo ou áudio de WhatsApp e dizer o que quiser, sem nenhum compromisso com a verdade.

8 Pesquisar a fonte ou a identificação do autor. Se o conteúdo não tiver essas informações, provavelmente é falso. Isso vale para autores do tipo "é o primo da minha vizinha", "a amiga do professor do meu primo" e outros do gênero.

9 Conferir a data da notícia também é uma boa. Compartilhar notícias antigas, fora de contexto, traz à tona assuntos que não são mais relevantes, já não fazem mais sentido ou podem ser usados para criar uma narrativa diferente ou distorcida daquela em que estava inserida no passado.

10 Pesquisar se a notícia foi divulgada por outros veículos de comunicação, em especial os considerados sérios, e de que forma o assunto foi tratado. Se o assunto for relevante e real, os sites jornalísticos tradicionais também abordarão o tema. Se você encontrar apenas uma fonte para aquela informação ou se todas as que encontrou forem cópias de apenas um veículo, é recomendável desconfiar.

11 Confirmar a informação com especialistas no assunto abordado pela notícia ou no buscador Google Acadêmico, destinado a pesquisas científicas. Também é bom entrar nos sites de agências de checagem para ver se já verificaram aquela notícia (*veja lista de sugestões a seguir*).

12. Verificar se o conteúdo pode ser considerado uma notícia de verdade. Se a "notícia" usar muitos adjetivos e claramente está defendendo ou acusando alguém, é bom desconfiar. Notícias são relatos de um fato de interesse público, com informações que podem ser comprovadas por meio de entrevistas com testemunhas, pesquisas, fotos ou outros recursos.

13. Clicar nos *links* constantes da notícia, se houver, para verificar se eles levam a sites que oferecem informações de apoio à notícia.

14. Verificar também as imagens e fotografias. Muitas são montagens ou retiradas do contexto original em que foram publicadas. Você pode fazer uma busca no site do veículo em que supostamente foi publicada ou no buscador de imagens do Google. Assim, é possível ver outros veículos em que a imagem ou versões parecidas dela foram publicadas e qual é seu contexto correto.

15. Dar atenção à qualidade das fotografias. Se as cores ou os cortes da imagem parecem estranhos ou a legenda não tem a ver com o conteúdo da foto, é muito provável que se trate de uma montagem.

16. Não compartilhar correntes, mesmo que pareçam uma brincadeira inocente (do tipo "Você é especial! Repasse esta mensagem para 10 amigos especiais, inclusive eu, se também me considerar"). Elas podem trazer vírus e outros mecanismos para clonar seu dispositivo e roubar dados.

17. Se tiver qualquer dúvida, por menor que seja, sobre a veracidade de um conteúdo, não compartilhe. Lembre-se: depois que a notícia se espalha, muitas vezes não é possível conter eventuais danos.

18 Denunciar o conteúdo à plataforma onde ele está sendo divulgado logo que identificar uma *fake news*, porque assim é possível removê-la do ar.

Ajuda especializada na checagem

Como o combate às *fake news* não é uma tarefa fácil, já que o volume de informações disseminadas na internet é enorme, uma série de agências de verificação surgiu nos últimos anos em todo o mundo, para ajudar os internautas a identificar o que são fatos e notícias verdadeiros e o que é pura falsificação e manipulação. Muitas delas são iniciativas dos próprios veículos de comunicação, em parceria com organizações da sociedade civil. Para apoiar esse trabalho, pesquisadores têm investido no desenvolvimento de algoritmos que identificam potenciais conteúdos falsos compartilhados na internet.[157]

Veja aqui uma lista de sites que você pode usar – e compartilhar com seus filhos, amigos e outros familiares – para não cair na armadilha dos produtores de *fake news*:

Lupa – https://piaui.folha.uol.com.br/lupa/

Aos Fatos – https://www.aosfatos.org/

Projeto Comprova – https://projetocomprova.com.br/

Fato ou Fake – https://g1.globo.com/fato-ou-fake/

E-farsas – https://www.e-farsas.com/

Fake Check – http://nilc-fakenews.herokuapp.com/

Boatos – https://www.boatos.org/

---

[157] MARIN, 2018.

AGORA SENTE AQUI, VAMOS CONVERSAR ————————

O fenômeno das *fake news* é um grande problema que atinge não só crianças e adolescentes, mas também adultos. E o curioso que venho observando nas escolas em que tenho atuado e nas famílias que tenho por perto é que os mais novos têm sido até mais questionadores em relação às notícias antes de compartilhá-las, comparando com muitos adultos. Porém, o fato é que é muito importante que realmente nos conscientizemos, pais, filhos e educadores, de que somente devemos compartilhar o que temos certeza absoluta de que seja uma verdade, cientes acerca dos potenciais prejuízos e conscientes dos possíveis desdobramentos e responsabilidades (morais e legais) delas decorrentes. ■

Foto: Shutterstock/Song_about_summer

CAPÍTULO 9

Proteção de dados e privacidade

Nada é de graça! Como evitar que os direitos de crianças e adolescentes sejam violados

É cada vez mais comum o uso de algumas ferramentas que parecem ter sido tiradas de filmes de ficção científica – pelo menos para nós, adultos de hoje, que crescemos num mundo analógico e fizemos a transição para o universo digital. Reconhecimento facial, *chips* e sensores de presença, sistemas biométricos de acesso a ambientes físicos e virtuais, coisas inteligentes e muitas outras tecnologias incríveis estão em todo lugar, nos mais diversos campos – educação, saúde, órgãos do governo e até em casa. Além disso, algoritmos são usados para identificar padrões e prever a ocorrência dos mais diversos tipos de acontecimentos, de acidentes a doenças, passando pela intenção de compra, possibilitando a tomada de providências para evitar problemas e reduzir riscos. Ou seja, esses mecanismos são usados para dar mais segurança e proporcionar bem-estar, certo?

Depende. Estamos já tão acostumados com essa nova realidade que muitas vezes nem pensamos sobre como tudo isso é feito. Mas você já se deu conta de que essas ferramentas de reconhecimento facial ou os sistemas biométricos captam nossos dados biológicos, como a imagem do nosso rosto, a íris, a voz, ou seja, tudo aquilo que nos torna únicos e identificáveis? E que mesmo sistemas mais simples utilizam nossos dados pessoais, como nome, número de documentos, filiação, endereço? Sem contar aqueles que coletam informações sobre nossas preferências pessoais, nossos comportamentos, nossa personalidade e até fatos do nosso passado. Pense: quantas vezes você já concordou em inserir esse tipo de dado para usar um aplicativo, plataforma ou site? E seu filho, quando acessa um jogo on-line ou as mídias sociais, por exemplo?

E não é só no mundo virtual. Muitas atividades cotidianas que realizamos com nossa família envolvem a coleta de dados. Por exemplo, quando o pediatra prescreve uma receita de antibiótico para nossos filhos, ele está manipulando seus dados. Assim como a escola, quando tira uma foto para a carteira de identificação que permite o acesso de nossos filhos às suas instalações e nos pede o preenchimento de uma ficha com seus dados médicos para a viagem de estudo ou para o acampamento de férias. Ou o clube, quando solicita um cadastro para a participação em um campeonato esportivo. E assim por diante. A coleta de dados acontece o tempo todo e nos mais variados lugares e para as mais diversas situações.

E esse cenário só vai se tornando mais complexo com o aprimoramento da tecnologia. Já ouviu falar da *internet of toys*, ou internet dos brinquedos? Estamos falando da "Internet das Coisas", na qual os objetos e as coisas, nesse caso os brinquedos, são conectados à internet. Apesar de ser algo relativamente novo, que tem chamado a atenção de muitos fabricantes de brinquedos e *startups* de tecnologia, já foram registrados problemas, como roubo de dados e invasão de privacidade.[158] Um exemplo foi o que aconteceu com a boneca interativa Hello Barbie, que, segundo especialistas em segurança, permitia facilmente o acesso de *hackers,* que poderiam transformar o brinquedo em um equipamento para espionar crianças.[159]

---

[158] HOLLOWAY; GREEN, 2016.

[159] GIBBS, 2015.

A grande questão é que todos esses dados, mesmo que coletados com a melhor das intenções, podem ser usados para tomar decisões a respeito de uma pessoa que nem sempre podem ser benéficas a ela. Isso é particularmente importante no caso de informações que, além de identificar, podem dar margem a qualquer comportamento discriminatório ou menos favorável (considerando áreas como seguros, crédito, emprego, entre outras). Além disso, no caso de crianças e adolescentes, os dados podem causar prejuízos na vida adulta, já que é muito difícil deletar informações que transitam no ambiente on-line. O ideal seria que as pessoas pudessem retificar, atualizar ou apagar informações sobre si mesmas postadas quando jovens, já que pensamentos, gostos, preferências, atitudes, ideias, opiniões e até mesmo aptidões e habilidades mudam com o passar do tempo, sobretudo e principalmente quando falamos de crianças e adolescentes. Mas isso infelizmente ainda não é possível.

O problema é que não adianta tentar ser um "ermitão" digital e ficar de fora da internet nem proibir seu filho de navegar na web. Esse não é o único ambiente em que a tecnologia e a coleta de dados estão presentes. Você vai ao dentista? Provavelmente, para entrar no prédio onde fica o consultório, você tem de mostrar seus documentos e deixar o recepcionista tirar uma foto de seu rosto. Seu banco ou seu cartório eleitoral já solicitaram que você cadastre sua biometria? E as milhares de câmeras espalhadas por ruas, empresas, escolas, lojas, clubes, hotéis etc., você acha que dá para fugir delas? Pois é, vivemos num autêntico mundo Big Brother! E esse é um movimento irreversível.

Por isso, o armazenamento desses dados exige que seja tomada uma série de cuidados, para que as pessoas não sejam prejudicadas e tenham seus direitos constitucionais relacionados à privacidade violados. É esse o objetivo da Lei n.º 13.709/2018, mais conhecida como Lei Geral de Proteção de Dados (LGPD), sancionada em agosto de 2018 e que entrou em vigência em setembro de 2020. Ela busca garantir os direitos fundamentais de cada indivíduo ao determinar em que circunstâncias seus dados pessoais podem ser coletados, armazenados, tratados e processados.

E, quando se trata de dados de crianças e adolescentes, a responsabilidade é ainda maior. Como já falamos nos capítulos anteriores, crianças e adolescentes são sujeitos de direitos e, devido à sua condição peculiar de seres em desenvolvimento, devem receber um tratamento diferenciado, que assegure sua privacidade. Isso está previsto especificamente no artigo 14 da LGPD, que trata da utilização de dados pessoais de crianças e adolescentes para efeitos de comercialização ou de criação de perfis de personalidade, bem como da coleta para a utilização de serviços on-line ou off-line oferecidos diretamente a esse grupo.

Como funciona a Lei Geral de Proteção de Dados

Bem, a Lei Geral de Proteção de Dados (LGPD) veio para criar um cenário de maior segurança jurídica, padronizando normas e práticas em prol da privacidade e proteção de dados pessoais de todo cidadão. Isso causa um grande impacto em empresas de todos os setores e portes, inclusive nas escolas e nos demais segmentos com produtos e serviços voltados às crianças e aos adolescentes, pois precisam se adequar aos ditames da lei. Falo mais a respeito disso nas cartilhas que indico abaixo:

Os impactos da Lei Geral de Proteção de Dados em instituições de ensino

É pra já! A proteção de dados de crianças e adolescentes não pode esperar

Talvez você se pergunte o que é, exatamente, um dado pessoal. E a resposta é simples: dado pessoal é qualquer dado que, sozinho ou combinado com outros dados, identifique ou possa identificar uma pessoa física (ou seja, se identifica uma pessoa jurídica, não é dado pessoal).

Assim, a LGPD considera dado pessoal toda informação que identifica (como nome, CPF, RG) ou torna uma pessoa identificável. Por exemplo, uma informação sobre a cor de cabelo, a depender da forma como é utilizada, pode ser considerada como dado pessoal, já que pode identificar a aluna loira, de blusa laranja, com óculos e rabo de cavalo do 6º ano C.

Os dados, pessoais ou não, podem ser coletados para uma infinidade de atividades. Os pessoais servem, por exemplo, para conhecer melhor o público-alvo de determinado produto ou serviço e lhe direcionar ofertas de acordo com seu perfil de interesse. A InternetLab publicou um vídeo que nos ajuda a refletir como nossos dados são coletados em diversas situações, sem que façamos muitos questionamentos:

E quando te pedem informações pessoais em uma compra? - InternetLab

Ocorre que o uso sem controle ou o vazamento de dados pessoais podem colocar em risco a privacidade das pessoas envolvidas, chamadas de "titular de dados pessoais", e também suas seguranças física, emocional e patrimonial. Como? Imagine, por exemplo, que durante uma operação de infiltração da polícia se descobre a profissão do infiltrado: policial. Ou que vazaram dados de uma farmácia, indicando que o titular de determinado CPF sempre compra remédios para certa doença. Ou que pessoas mal-intencionadas tiveram acesso à rotina da sua família (local em que seus filhos estudam, onde você trabalha, que horas vai para a academia etc.).

Visando minimizar os riscos, a LGPD regulamenta o tratamento de dados pessoais. Maior transparência, regras claras, necessidade, finalidade e segurança são alguns dos seus princípios norteadores. A ideia é conferir a todo titular de dados pessoais o controle sobre o uso e a destinação dada às suas informações, assim como conhecer como serão mantidas em segurança e com quem serão compartilhadas. As multas por descumprimento variam de 2% do faturamento do grupo econômico/empresa até R$50 milhões (por infração), sem prejuízo das sanções administrativas.

Veja como o tema privacidade e proteção de dados tem sido abordado em outros países:

- Nos **Estados Unidos**, um paciente processou o Centro Médico da Universidade de Chicago e o Google por uso indevido dos seus dados médicos para desenvolvimento de produtos voltados para a saúde com base na inteligência artificial (IA).[160] E um estudo feito com 100 aplicativos móveis para crianças identificou que 72 deles violam uma lei federal norte-americana que visa proteger a privacidade on-line das crianças.[161]
- Na **Europa**, tem sido intensa a discussão sobre a legitimidade e os limites do uso de aplicativos e informações de geolocalização nos celulares para identificar tanto pessoas contaminadas com a covid-19 quanto indivíduos que não estão cumprindo as regras de isolamento social determinadas por alguns governos.[162]

---

[160] COHEN; MELLO, 2019.

[161] TOOL..., 2020.

[162] EUROPEUS..., 2020.

- No **Reino Unido**, foi criado um código específico, com diretrizes, para que as empresas que oferecem serviços on-line (incluindo aplicativos, programas, sites, jogos ou ambientes comunitários e brinquedos ou dispositivos conectados com ou sem uma tela) que processam dados pessoais e podem ser acessados por crianças no país – ou seja, não apenas dirigidos a crianças – protejam adequadamente os dados pessoais dos menores de idade, em conformidade com as regulações do país.[163] O mesmo foi feito nos **Estados Unidos** para empresas que operam sites e serviços on-line que coletam informações pessoais de crianças menores de 13 anos.[164] O objetivo é certificar-se de que esses serviços sejam apropriados para uso e atendam às necessidades de desenvolvimento das crianças e dos adolescentes, protegendo sua privacidade e garantindo-lhes a liberdade de desenvolvimento sem interferir, a partir do monitoramento e perfilamento de seus dados, em seus gostos, desejos e opiniões.

A Lei Geral de Proteção de Dados é um marco legislativo por já trazer em seu conteúdo o expresso cuidado com os dados, informações e privacidade de crianças e adolescentes.

O texto normativo traz disposições em seu artigo 14 que concernem a todos, escolas, clubes, agremiações recreativas, hotéis e toda sorte de entidades públicas e privadas que lidam com informações relativas a crianças e adolescentes.

No *caput*, o princípio universal do melhor interesse da criança é positivado de maneira expressa: "O tratamento de dados pessoais de crianças e adolescentes deverá ser realizado em seu melhor interesse nos termos deste artigo e da legislação vigente". Assim, a LGPD chega ao ordenamento jurídico brasileiro trazendo subsídios legais que complementam o Estatuto da Criança e do Adolescente (ECA),

---

[163] DENHAM, 2020.

[164] CHILDREN'S..., 2017.

o qual, promulgado 28 anos atrás, não tinha como antever todas as mudanças trazidas pela quarta revolução industrial. Complementa também o Marco Legal da Primeira Infância (Lei n.º 13.257/2016), que, em seu artigo 4º, inciso IX, aponta que as políticas públicas devem "promover a formação da cultura de proteção e promoção da criança, com apoio dos meios de comunicação social".[165]

É evidente a percepção acerca da falta de total discernimento de crianças diante dos riscos, consequências e garantias atreladas aos seus dados, por isso, passa a ser exigência e uma das principais bases de processamento da lei o consentimento dos pais ou do responsável legal. O compromisso de transparência torna-se uma exigência legal, seja com relação aos tipos de dado, seja com a maneira como são coletados, armazenados e utilizados.

Todo esse zelo para proteger as crianças e os adolescentes tem muitas razões, entre elas a dificuldade de lidar com a exposição, a falta de controle sobre como o uso desses dados pode impactar o presente e o futuro dessas crianças e adolescentes, a segurança física e psíquica desses menores, entre outras, na linha do que conversamos nos capítulos anteriores, somadas aos números publicados em relatório produzido pelo Fundo das Nações Unidas para a Infância (Unicef). Esse documento constatou que um em cada três usuários de internet no mundo são crianças e jovens com menos de 18 anos e que por dia 175 mil crianças têm contato com a web pela primeira vez. E isso tem acontecido cada vez mais cedo. Na Bulgária, por exemplo, as crianças começam a acessar a rede, em média, aos 7 anos. Em países como Argélia, Egito, Iraque e Arábia Saudita, em geral as crianças ganham o primeiro celular entre os 10 e 12 anos. E nos Estados Unidos, 92% dos adolescentes de 13 a 17 anos de idade ficam on-line diariamente.[166]

É natural acreditar que no Brasil a situação seja semelhante: a tecnologia é uma realidade nos lares brasileiros, e os meios pelos quais hoje se coletam dados vão muito além do que se pode imaginar.

---

[165] BRASIL, 2016.

[166] THE STATE..., 2017.

Aplicativos, mídias, sites e jogos também são capazes de coletar informações de seus usuários e, assim como qualquer empresa, aqueles que desenvolvem e/ou oferecem entretenimento também precisam adequar-se às novas exigências da lei, que, aliás, é clara ao proibir como condicionante à participação do usuário o fornecimento de informações além das necessárias à atividade.

Vale lembrar que, além dos riscos relacionados a crimes cibernéticos, há outra questão importante relacionada ao uso de dados pessoais de crianças e adolescentes: a publicidade. Um artigo[167] muito interessante explica que muitas empresas e agências de publicidade utilizam as informações armazenadas em diferentes bancos de dados para, com base em estatísticas e algoritmos computacionais, criar produtos como brinquedos e jogos eletrônicos e desenvolver campanhas publicitárias voltados a esse público, manipulando seu comportamento e suas escolhas – muitas vezes, sem que eles e seus pais tenham consciência disso. Esses dados também são usados para persuadir crianças e adolescentes a passar mais tempo usando os serviços, moldando o conteúdo com o qual são incentivados a se envolver.[168] Não é à toa que os dados são chamados de novo petróleo da internet e que o trabalho de coletar essas informações em diferentes bancos seja conhecido como "mineração de dados".

É claro que muita coisa no âmbito da proteção de dados é de responsabilidade das autoridades e das próprias empresas que lidam com essas informações, que devem atuar de acordo com o que determina a lei. Porém, cabe a nós, os adultos responsáveis, fazer o que está ao nosso alcance para garantir a privacidade dos dados dos nossos filhos. E isso inclui orientar e supervisionar o uso de dispositivos eletrônicos, para que também saibam proteger seus dados pessoais em qualquer meio.

Inclusive, um bom suporte oferecido pelos pais pode fazer uma grande diferença para a proteção de dados e a privacidade dos filhos.[169]

---

[167] HENRIQUES; HARTUNG, 2020.

[168] DENHAM, 2020.

[169] STOILOVA; LIVINGSTONE; NANDAGIRI, 2019.

E isso significa orientá-los sobre o valor que seus dados e demais informações representam, sobretudo quando expostos no ambiente digital. Ensinar, direcionar com fundamento e exemplos que justifiquem o discurso é, além de necessário, assertivo e duradouro, já que saberão como agir mesmo quando os pais não estiverem por perto.

Mas, se de um lado, crianças e adolescentes precisam compreender o porquê do cuidado com seus dados, de outro, instituições de ensino também precisam estar atentas à maneira como usufruem dos recursos tecnológicos, alertando seu corpo docente não somente quanto ao papel e à referência que representam na vida dos alunos, mas também à escolha das ferramentas e dos meios que utilizam para armazenar todos os dados pessoais a que têm acesso no exercício de suas atividades.

Isto porque toda e qualquer informação ou dados relativos a seus alunos devem ser tratados como confidenciais, principal e não exclusivamente quando se referirem a menores de idade – nos termos do que dispõem os artigos 17 e 18 do Estatuto da Criança e do Adolescente. Isso significa dizer que "todo cuidado é pouco" na escolha de fornecedores e contratação de ferramentas e soluções tecnológicas. Considerar o fator "segurança" como premissa preponderante faz toda diferença.

MÃO NA MASSA

Como proteger a privacidade das crianças

Boas práticas que contribuem para a proteção de seus dados pessoais

Ao longo deste capítulo, abordei meios para proteger a privacidade de crianças e adolescentes e apresentei diversas medidas que podemos adotar para que nossos filhos naveguem com segurança pela internet. Aqui, listo mais algumas dicas de boas práticas:

1. Conhecer nossos direitos e os direitos das crianças e dos adolescentes em relação a dados pessoais e saber como protegê-los. Assim, conseguiremos orientá-los com mais clareza sobre o que devem fazer a respeito.

2. Incentivar todos os membros da família a atualizarem o sistema operacional de seus dispositivos, explicando que essa é uma forma de estar com a segurança sempre em dia.

3. Mudar regularmente as senhas de wi-fi e dos softwares de controle parental para evitar invasões e roubos de dados.

4. Colocar as práticas de segurança digital na rotina da família. Elas devem se tornar um hábito de todos os membros, executado de maneira autônoma e automática, como escovar os dentes antes de dormir.

5. Reforçar que a mesma atitude que temos no mundo "real" sobre segurança deve ser adotada no universo digital. Ou seja, em hipótese alguma devemos interagir com estranhos e compartilhar informações íntimas e dados confidenciais, como senhas.

6. Estabelecer como padrão resguardar a privacidade. Assim, ao baixar um aplicativo ou jogo, é sempre importante verificar se as configurações protegem seus dados. Se não o fizerem, podemos alterar as configurações com esse objetivo.

7. Inspecionar regularmente câmeras de segurança e outros equipamentos utilizados em casa, como babás eletrônicas, para termos certeza de que não foram invadidos e estejam expondo a privacidade da família.

8. Ler os termos e as condições de uso de cada aplicativo antes de baixá-lo, assim como dos sites e serviços on-line que nós

e nossos filhos acessamos, para ter clareza sobre que tipo de dados pessoais serão coletados.

9. Evitar compartilhar fotos de crianças e adolescentes que permitem identificá-los ou reconhecer os locais que frequentam – por exemplo, com uniforme da escola, na frente do clube, do condomínio ou da escola de idiomas.

10. Habilitar os controles de privacidade em celulares, tablets e computadores de uso familiar – e não apenas naqueles que são de uso exclusivo das crianças e dos adolescentes.

11. Apagar todos os dados e as configurações de todos os equipamentos eletrônicos que forem para descarte, doação ou venda – celulares, tablets e computadores.

12. Assegurar-se de que a assistência técnica seja autorizada pelo fabricante e tenha política de privacidade de dados pessoais, caso seja necessário levar um dispositivo para reparos.

13. Procurar um advogado e denunciar às autoridades competentes eventual uso indevido de dados pessoais – inclusive, mas não só, de imagens e biometria.

14. Realizar todas as configurações de privacidade das redes sociais, aplicativos e jogos utilizados por nossos filhos.

AGORA SENTE AQUI, VAMOS CONVERSAR

Estou longe de ser a mãe que tudo sabe. Aliás, sempre me pergunto – embora eu saiba a resposta – se saberia tudo o que sei sobre segurança na internet se não fosse uma advogada dedicada ao assunto e atuante na área do direito digital.

O fato é que desejo compartilhar com você tudo o que aprendi e aprendo todos os dias, e, do fundo do meu coração, espero que esta obra possa lhe ser muito útil. Entre os abraços e olhares de carinho e gratidão que mais gosto de receber, certamente estão aqueles que recebo após minhas palestras, pois é quando e como posso sentir que o amor que dediquei na entrega de tudo o que aprendi alcançou o objetivo que eu esperava.

Agora, conte-me: de que maneira este livro o ajudou a aprimorar a educação/conscientização digital de seus filhos? Eu adoraria saber sua opinião e um pouco a seu respeito.

Meu e-mail para receber suas mensagens é conscienciadigitalivro@gmail.com. Ou, se preferir, você pode entrar em contato pelo meu Instagram: @alessandraborellivieira. ◼

Foto: Unsplash

CAPÍTULO 10

Dicionário da internet

Linguagem e abreviações que você precisa conhecer

Você já recebeu alguma mensagem de adolescentes no grupo de WhatsApp da família ou leu um texto na internet, em especial nas redes sociais, cheio de palavras e siglas que não tem ideia do que significam?

Como acontece em todas as gerações, os jovens têm uma linguagem muito própria para se comunicar, principalmente no mundo digital. Essa linguagem envolve não apenas gírias, como também abreviações, já que as novas tecnologias fizeram da escrita a principal forma de expressão dos usuários, mas de maneira mais coloquial e imediatista. Também são muito comuns termos em inglês e do mundo dos games, que viralizam nas redes sociais e acabam sendo usados por todo mundo.

Na linha do que falamos no capítulo sobre os games, conhecer essas expressões é importante para que você possa entender e acompanhar o que seu filho ou sua filha faz no universo digital. Então, confira aqui algumas das mais populares na internet – por enquanto![170]

---

[170] Expressões e abreviações coletadas por meio de pesquisas on-line e contatos com adolescentes em minhas palestras e consultorias.

Expressões

10/10: pessoa muito bonita. Gíria usada principalmente entre os gamers, significa que a pessoa é nota 10 de 10.

Avatar: foto ou imagem usada como perfil em redes sociais ou para identificar o personagem de um usuário em games.

BERRO ou GRITO: escrever com todas as letras maiúsculas significa que a pessoa está perplexa com o que aconteceu, não acredita no que está ouvindo/lendo/vendo. Ou está com raiva e gritando mesmo.

Biscoiteiro: pessoa que faz de tudo para chamar a atenção na internet, postando fotos ou textões só para receber elogios. "Dar biscoito" significa elogiar alguém em forma de deboche.

Boss: significa chefe, mas também pode ser usada para identificar um inimigo difícil de vencer nos games.

Boy: aquele por quem se está interessado ou aquele com quem já foi envolvido amorosamente.

Cancelar: boicotar ou suspender o apoio a uma celebridade ou pessoa que faz algo controverso, ofensivo ou preconceituoso.

Chavoso: referência ao estilo geralmente usado por funkeiros e pessoas da periferia. Tem origem na expressão "chave de cadeia", já que o "chavoso" é visto como alguém propenso a arrumar confusão e chamar a atenção dos policiais.

Contatinho: alguém com quem se tem um relacionamento casual. É uma pessoa para se divertir sem compromisso.

Crush: alguém por quem se tem uma atração ou paixão secreta/platônica, mesmo que não conheça pessoalmente. Pode ser um famoso ou uma pessoa do seu círculo de amizades. Também existe o *"crush de amizade"*, quando a pessoa não sente atração física ou amorosa, mas deseja ser amiga da pessoa.

Dar PT: "dar perda total", expressão usada quando alguém bebe muito até passar mal ou fica inconsciente, sem controle sobre suas ações.

Date: usada para dizer que marcou um encontro com alguém.

Destruidora: pessoa poderosa e que está totalmente no comando de uma situação, que "arrasa" ou "lacra".

Deu ruim: alguma coisa que deu errado ou não funcionou.

Deus me livre, mas quem me dera: a pessoa não quer alguma coisa, mas ao mesmo tempo quer. Algumas pessoas usam "Deus me free", usando o termo em inglês para "livre".

Divar: agir como uma diva, ou seja, de modo espetacular, como uma verdadeira estrela (da música, do cinema etc.), ou como alguém que chama muita atenção por sua beleza.

E choca zero pessoas: alguma situação que já era esperada, óbvia, e por isso não chocou nem impressionou ninguém.

Embuste: pessoa insuportável, irritante, que causa ranço. Geralmente é usada para as pessoas que atrapalham a vida de seus parceiros.

Fada sensata: expressão usada para elogiar uma pessoa, dizendo que ela está correta sobre o que disse, com opiniões construtivas ou inteligentes sobre determinado assunto.

Fail: "fracassar", usada para mostrar que alguma coisa correu mal ou que a pessoa não conseguiu fazer aquilo que queria.

Falsiane: uma pessoa falsa.

Ficar pistola/pistolar: ficar muito bravo ou nervoso com alguma coisa.

Fingir demência: quando a pessoa ignora alguma situação e age como se nada tivesse acontecido ou então finge que não era com ela.

Flodar: postar em excesso nas redes sociais.

Flopar: falhar, fracassar, não chamar atenção ou não ter sucesso.

Friendzone: expressão usada quando uma pessoa tem interesses românticos por outra, mas esta só deseja a amizade do outro. Por exemplo, "o cara te colocou na *friendzone*, esquece dele".

Gado d+: pessoa que faz qualquer coisa para conseguir ficar com alguém ou que faz tudo para agradar, não tem personalidade própria.

Haters: pessoas que odeiam famosos ou alguém específico e entram nos seus perfis para xingar ou criticar.

Hitou: fazer sucesso, viralizar e receber muitos *likes*.

Hoje meu pai: significa "é hoje!" ou "hoje vai", sendo usada quando alguém está esperançoso ou animado sobre alguma coisa.

Ícone: usada para dizer que a pessoa é maravilhosa, uma diva.

Iti malia: usada quando se quer dizer que algo é muito fofo. O termo varia de "Virgem Maria", mas é falado imitando a pronúncia de uma criança pequena.

Lacrar: arrasar ou "mandar bem" em algo.

Mec: pode ser usado tanto como um sinônimo para transar como para "ficar tranquilo", suave.

Miga/migo: "amiga" ou "amigo", usado como um sinônimo de *best friend* (melhor amiga).

Mitou: significa que a pessoa fez algo de sensacional, virou um mito.

Na moral: sério. Na boa.

Nega o auge: usada para destacar uma coisa boa ou como deboche, para falar de algum fracasso ou para zoar a atitude de alguém.

Noob/N00b: significa "novato" em comunidades de games on-line ou a pessoa que tem dificuldade em aprender algo ou que simplesmente não faz questão de aprender.

Partiu: significa "vamos lá" ou "vamos agora", transmitindo ideia de animação.

Pisa menos: usada para fazer referência a pessoas que arrasam no que estão fazendo.

Pode pah: uma forma de concordar com o que a pessoa falou. Por exemplo:

— Muito cedo o passeio amanhã, né?
— Pode pah.

Poser: pessoa que gosta de se exibir, fingindo ter determinada personalidade ou gosto apenas para chamar a atenção ou ter a aprovação de outras pessoas.

Ranço: desprezo, raiva, repulsa, implicância, nojo ou irritação. Dizer que "pegou ranço" de uma pessoa ou situação significa ter implicância, que tudo relacionado a ela vai irritar.

Seu lindo/sua linda: usada para mostrar o quanto a pessoa está ansiosa ou feliz por determinado acontecimento, um evento, data especial etc. Por exemplo, "vem, sábado, seu lindo!".

Sextou: celebra a chegada da sexta-feira.

Shippar: quando você apoia muito um casal e quer que essas pessoas fiquem juntas. Vem da palavra *"relationship"*, "relacionamento" em inglês.

Sipah: talvez, mais para sim do que para não.

Spoiler: aquele que revela informações a respeito do enredo de livros, filmes ou séries, ou seja, um "estraga-prazeres", que arruinou a experiência de quem aguardava para consumir o conteúdo pela primeira vez.

Stalkear: procurar saber muito sobre alguém, vigiando tudo o que ela faz na internet, navegando pelos seus perfis nas redes sociais, vendo as fotos e publicações antigas, as curtidas etc. Ou seja, o *stalker* é um bisbilhoteiro.

Tá na Disney: estar no mundo da lua, viajando ou sendo enganado. Ou seja, "viajando na maionese".

Tô morta: estar surpresa, chocada ou admirada com alguma coisa ou situação.

Trollar: tem origem na palavra "*troll*" e quer dizer enganar, zoar ou tirar sarro de alguém. Pode ser publicando um meme, fazendo uma brincadeira inesperada ou filmando alguma situação constrangedora. O *troll* é um usuário que gosta de enganar os demais, principalmente com o propósito de humilhar.

Vem de zap: nova forma de pedir o número do celular de alguém e solicitar que a pessoa entre em contato por meio do WhatsApp.

Xablau: momento de zoação, ou seja, quando alguém quer criar uma situação de desordem e bagunça em relação a determinado assunto. Também é sinônimo para aquilo que é explosivo, bombástico, intenso e inesperado.

Abreviaturas

Qlqr: qualquer.

AFK: *away from keyboard*, que em português quer dizer "longe do teclado". Serve para avisar as pessoas que vai se ausentar momentaneamente. Às vezes é usada com um sinal de + e o local ou compromisso para onde a pessoa está indo. Por exemplo: AFK + banheiro.

Agr: agora.

BFF: *best friend forever* (melhor amigo para sempre).

Blz: beleza.

BTW: da expressão "*by the way*", que significa "por falar nisso" ou "falando nisso", é usada para dar continuidade a um assunto.

Cmg: comigo.

Cnvrs: conversa.

Crtz: certeza.

DIY: do inglês "*do it yourself*", que significa "faça você mesmo". É usada para algo que você pode fazer sozinho ou que o próprio autor do *post* fez, em tutoriais.

Dps: depois.

Dsclp: desculpa.

Ent: então.

F4F/SDV: *follow for follow* (F4F) e "segue de volta" (SDV) são usadas para pedir que a outra pessoa siga – e em troca, ela segue também.

Fl: fala.

Flw: falou.

Ft: foto.

IDK: *I don't know*, em português, "eu não sei".

Lgc: lógico.

LOL: *laughing out loud*, "rindo alto", em português, para demonstrar que a pessoa achou algo muito engraçado, ou como abreviação de um dos jogos mais famosos, o *League of Legends* (*LOL*).

MDS: "Meu Deus", usada para expressar alegria, surpresa, espanto, reprovação ou desejo.

MNTC: mulher não tem coração (#MNTC), usada por homens que estão com o coração partido.

Ngm: ninguém.

Nmrl: na moral.

OMG: *oh, my God*, em português, "oh, meu Deus", usada para expressar surpresa ou entusiasmo.

Pdp: pode pah.

Pfv: por favor.

Qnd: quando.

Qro: quero.

Rlx: relaxa.

Rly: *really?*, em português, "sério?".

Sdds: saudades.

Sla: sei lá.

SLC/SLK: "cê é louco" ou "você é louco", usada para indicar espanto, surpresa ou negação.

TBT: *Throwback Thursday* (#TBT), hashtag usada para acompanhar uma foto antiga, que traz lembranças boas, e postada sempre às quintas-feiras.

TKS: *thanks*, em português, "obrigado".

Tmj: tamo junto.

Vlw: valeu.

WTF: "*what the fuck*" é usada para mostrar incredulidade sobre algum assunto ou evento, mas pode ser considerado grosseiro, por se tratar de um palavrão.

As novas tecnologias
fizeram da escrita a principal
forma de expressão dos
usuários, mas de maneira mais
coloquial e imediatista.

Foto: Shutterstock/Prostock-studio

CAPÍTULO 11

Bônus às famílias

Digital Family Model: gestão de tempo e comportamento no uso das novas tecnologias

Mudança de hábito não é uma tarefa fácil, sobretudo quando o hábito é coletivo e insiste em se fazer passar por indispensável à "sobrevivência". Não, não estou exagerando e sei que você concorda comigo: "Preciso levar meu celular para o passeio porque um cliente importante pode ligar", "Não sou viciado, apenas trabalho do meu celular", "Não estou nas redes sociais, estou terminando de ver alguns e-mails", "Estou no Insta só conferindo se não há alguma mensagem de cliente pendente", "Preciso do celular porque estou fazendo pesquisas para a escola", "Estou em um *meet* com meus amigos da sala conversando sobre um trabalho que a professora passou" e por aí vai.

É inquestionável o quão incríveis e úteis são os avanços tecnológicos em todos os seus aspectos e campos de atuação. Mas quase não se discute a relação de dependência que se vem estabelecendo com essas ferramentas nem o quanto essas frases (e atitudes) nos roubam momentos em família, com amigos e até mesmo de ócio.

Não entrarei nos gatilhos e artefatos que vêm nos tornando reféns daquilo que deveria estar nos servindo e escravos de quem deveria estar nos libertando. Mas, após anos de trabalho em campo, realizando palestras, consultorias, mediações de conflitos digitais, acompanhando processos de crimes e ilícitos cibernéticos, compondo grupos de especialistas

243

multidisciplinares – de juízes, promotores e delegados a psicólogos, hebiatras e psiquiatras –, cheguei à óbvia conclusão de que muitos dos incidentes de segurança da informação e de dados no âmbito corporativo, assim como comprometimentos à saúde (física e mental) e a relacionamentos, vulnerabilidades no ambiente digital e desdobramentos judiciais decorrem, em grande parte, da relação desmedida com nossos dispositivos.

E o fato é que estamos todos exaustos e desejosos por colocar cada coisa em seu lugar, continuar desfrutando de tudo que as novas tecnologias vêm nos oferecendo, mas com a temperança, consciência e segurança necessárias.

Sendo esta uma dor que também é minha, enquanto experimentava o conhecido Business Model Canvas para a empresa da qual atualmente sou uma das sócias e diretora executiva, me veio a ideia de adaptar essa incrível metodologia de planejamento para, finalmente, colocarmos em prática as ações necessárias para assumirmos o protagonismo em nossas relações com as telas.

Para quem não conhece, a metodologia de planejamento Business Model Canvas é fruto da tese de doutorado do ilustre teórico da Administração Alex Osterwalder, na qual realizou diversas pesquisas e testes em múltiplos países para avaliar a sua eficácia. De tão incrível, sua tese desdobrou-se no livro *Business Model Generation: inovação em modelos de negócios*. Na prática – o que aliás é seu grande diferencial –, com um *template* dividido em vários elementos que detalham o negócio em seus múltiplos pilares, o Canvas é uma ferramenta supervisual, que permite uma visão ampla da empresa, auxiliando em planos estratégicos.

O bacana da metodologia é que, além de nos permitir visualizar em uma única tela todo o cenário que pretendemos remodelar, nos confere a oportunidade de gerenciar e adaptar o necessário para que o objetivo maior seja alcançado.

Está conseguindo sentir o tom da conversa e como essa pode ser a ferramenta que faltava para nos ajudar a mudar a nossa relação com o seu celular e demais telas? O caminho para que durante as refeições você apenas se alimente e converse com quem estiver sentado à mesa com você? A saída para que, durante o trajeto da viagem, você se concentre apenas em curtir a paisagem, as músicas ou a conversa com a família ou amigos? A solução para que, enquanto estiver em um evento, apenas desfrute de tudo o que foi preparado para lhe receber?

E dá para acreditar que isso tudo pode ser até divertido?

Foram dois os modelos que criei a partir dessa ideia e sobre os quais venho realizando inúmeros workshops (para você ver que todos queremos a mesma coisa) – um para família (Digital Family Model) e outro que pode ser utilizado individualmente (Digital Citizen Model). Como esta obra tem como foco crianças e adolescentes, aqui nos concentraremos no Digital Family Model.

Assim como o Business Model Canvas, de Alex Osterwalder, o Digital Family Model também é dividido em palavras-chave que garantem objetividade e agilidade no planejamento, acompanhamento e execução em si. No material abaixo, que deixei lindo e prontinho para você e sua família preencherem, você encontra os detalhes de direcionamento.

Recomendo a impressão do template em A3 e que seja utilizado uma cor de post-it ou caneta para cada membro.

Algumas dicas importantes:

1. Comece aos poucos;
2. Não conte com a força de vontade, mas com a disciplina;
3. Desistir não é uma opção!

Não espere acontecer para fazer, faça acontecer e vamos mostrar para as novas tecnologias quem domina quem!

Digital Family Model

Foto: Shutterstock/goodluz

CAPÍTULO 12

Bônus aos professores

Uma análise do comportamento de cada faixa etária, com sugestões de atividades para trabalhar a consciência digital

Tanto quanto divertida, a vida on-line pode ser perigosa. Conhecer os perigos a que crianças e adolescentes estão sujeitos é fundamental para criar mecanismos e estratégias que as mantenham mais seguras e preparadas.

Com um único clique, ficam vulneráveis a acessos inadequados para sua capacidade de compreensão, conteúdos pornográficos, ações de pedófilos e sequestradores. Ofendem e são ofendidos, expõem a própria intimidade e a da família e, quando não são vítimas, cometem, muitas vezes sem saber, inúmeras infrações.

A escola tem papel importante neste contexto, até porque é lá que a socialização presencial é mais intensa.

De forma lúdica, prática e realista, o objetivo desta obra foi prover às famílias e escolas os insumos necessários para fazer com que crianças e adolescentes tomem conhecimento da seriedade que reveste o universo digital, considerando os interesses de cada faixa etária, de modo que possam aprender, com maior segurança, ética, responsabilidade e consciência, a tirar o melhor proveito das novas tecnologias.

Assim, trago abaixo um pequeno resumo do comportamento digital mais comum que observo entre meus alunos e depreendo dos meus estudos, bem como dicas rápidas para promover a consciência digital para cada faixa etária em atividades em sala de aula:

7 a 9 anos

Nesta faixa etária, as crianças potencializam suas atividades no mundo digital com o uso de games e tutoriais de dicas para jogá-los no YouTube. As principais preocupações consistem em: exagero do tempo on-line, conversas com estranhos nos *chats* dos jogos – muitas vezes usando a webcam – e direcionamento a conteúdos inadequados por meio dos tutoriais de plataformas como o YouTube.

Sugiro atividades voltadas para:

- administração do tempo nos games;
- reflexões para não interagir com estranhos;
- uso da webcam;
- atenção quanto aos conteúdos para os quais o YouTube os direciona.

Recursos: atividades-desafio, estudos e dinâmicas de casos práticos.

9 a 11 anos

Começa o anseio pelas redes sociais e por fazer parte daquelas que não são indicadas para sua idade, quando surge a ideia de mentir e criar um perfil falso. O interesse pelos games mais violentos e, claro, não indicados a eles, vem com força e se não compreendem o motivo pelo qual devem respeitar tais limites, sentem-se repreendidos e começam a pensar em "caminhos" para conseguirem o que querem. Sem limites, são capazes de baixar aplicativos pagos e os pais só ficam sabendo quando chega a conta do cartão de crédito. Participam de grupos de WhatsApp e outros apps semelhantes e acreditam piamente naqueles que prometem apagar a mensagem, foto ou vídeo enviado em segundos. "Quanto mais amigos virtuais, melhor."

Sugiro atividades voltadas para:

- a importância de se seguir regras morais e formais, leis e regulamentos (idade mínima de acesso, uso do celular na sala de aula, por exemplo, apresentação das leis e termos de uso que regulamentam o tema);
- a compreensão sobre importância da frase "eu aceito" quando clicada;
- os perigos de se teclar com estranhos;
- os perigos de acreditar em tudo que vê, lê e ouve na internet;
- os perigos da exposição exagerada;
- as consequências das ofensas proferidas na web;
- a importância do uso de senhas e o seu não compartilhamento com amigos.

Recursos: atividades-desafio, estudos e dinâmicas de casos práticos, apresentação de regulamentos, cases e legislações.

11 a 13 anos

Nesta fase estão, tecnicamente, prontos para interagir em grande parte das redes sociais. A principal meta é atingir um número considerável de "amigos virtuais", clamam e fazem qualquer coisa (mesmo) para ganhar curtidas em seus *posts* e comentários. Se expõem além do que devem e não sabem o que fazer quando essa exposição ultrapassa o limite que sua emoção pode suportar. Acabam sendo vítimas de si mesmos. Passam a utilizar mais os conteúdos da rede para os trabalhos escolares.

Sugiro atividades voltadas para:

- a compreensão do conceito de privacidade, intimidade e seu valor (legislação constitucional ilustrada);

- os riscos que a superexposição representa para si e para suas famílias (apresentando casos reais);
- a liberdade de expressão responsável (*cases* e decisões judiciais);
- o direito autoral e integridade intelectual (atividades que inspiram o desejo de ser reconhecido e a decepção de não ser citado na obra ou pior, de ter sido "roubado").

Recursos: atividades-desafio, estudos e dinâmicas de casos práticos, apresentação de *cases* e legislações.

13 a 15 anos

Extremamente habilidosos, mas, sobretudo, ainda desprovidos de maturidade, especialmente quando o assunto é exposição e liberdade de expressão. *Selfies* e aplicativos como o Snapchat e TikTok parecem tão essenciais quanto o ar que respiram. Mais do que ter e fazer é poder mostrar que têm e o fazem. Copiar trabalhos na web sem citação de autoria, baixar músicas e filmes em sites de pirataria e utilizar o sistema *peer to peer* para compartilhamento dessas "conquistas" são práticas "comuns" desta faixa etária.

Sugiro atividades voltadas para:

- o valor da privacidade e intimidade;
- os perigos e prejuízos de sua exposição;
- os limites da manifestação de pensamento e as consequências da violação do direito alheio;
- compreensão de que crédito autoral é mais do que um direito, é um dever.

15 a 18 anos

Prestes a escolher a carreira profissional que irão seguir, estes jovens, já autorizados a exercerem o direito de voto, não resistem à tentação de fazer das redes sociais seu escudo para, sem limites, expressarem tudo que pensam. Contudo, muitos (a maioria deles) se esquecem de que na rede tudo é "perpétuo" e se multiplica em segundos. Embora ainda jovens, o comportamento do adolescente nesta fase da vida já diz muito sobre ele e, na internet, o arrependimento é incapaz de apagar o feito.

Sugiro atividades voltadas para:

- a segurança, ética e responsabilidade (casos práticos que exijam posturas retas e de acordo com as legislações aplicáveis – preconceito, crimes contra a honra, de direito autoral e segurança);
- as atitudes de hoje e as consequências na vida profissional amanhã (*cases*, casos práticos e dinâmicas em grupo).

Recursos: atividades-desafio, estudos e dinâmicas de casos práticos, apresentação de *cases* e legislações. ■

Foto: Freepik/kartyukav

CAPÍTULO 13

Pense rápido e segure mais essa...

Para além da educação digital,
manter-se fisicamente ativo é importante
para a promoção da saúde integral
de crianças e adolescentes

Quem mais tem respostas e ideias geniais debaixo do chuveiro? Pois então, estava eu tomando banho após finalizada a revisão deste livro quando me lembrei de algo muito importante e que não poderia deixar de reforçar nesta oportunidade.

Mas antes gostaria de compartilhar que existem dois fatores que explicam essa "mágica" do chuveiro, de acordo com o psicólogo John Kounios, diretor do programa de Ciências Cognitivas e do Cérebro da Universidade Drexel, nos Estados Unidos, que estuda processos criativos há vários anos.

O primeiro é o que Kounios chama de "restrição sensorial", em que nossos sentidos diminuem durante este momento, afastando-nos do mundo exterior e direcionando nosso foco para o interior. Sem esse contato sensorial, recebemos muito menos estímulos, as chances de distração são reduzidas e com isso (ou por isso) as ideias e respostas chegam e são recebidas com maior e melhor capacidade de absorção e concentração.

Já o segundo fator tem a ver com bem-estar, tranquilidade e momento de relaxamento que o banho proporciona, favorecendo nosso equilíbrio e bom humor – o que, conforme demonstrados por vários estudos, contribui para aguçar a nossa criatividade. E, veja, isso é justamente o oposto do que ocorre com as telas. Ou você vai me dizer que nunca teve sua concentração ou produtividade comprometidas por ter sido abduzido pelo celular?

Ou seja, nosso cérebro suplica por momentos de paz e, quando não colaboramos, ele também se recusa a colaborar. Se puder e quiser saber mais um pouco sobre isso, leia este artigo e veja só que interessante:

The science of why you have great ideas in the shower - *National Geographic*

Bom, mas o que eu gostaria mesmo de reforçar com vocês diz respeito ao incrível e comprovado potencial que o esporte (off-line) possui, também, para o direcionamento ético, seguro e saudável das novas tecnologias por nossos filhos (por todos nós, aliás).

A preocupação em relação ao comportamento sedentário das nossas crianças e dos nossos adolescentes decorrente (não somente, mas também) do uso excessivo das telas já vinha desde antes do período pandêmico, mas tornou-se ainda maior com o isolamento social. Não por acaso, a Sociedade Brasileira de Pediatria lançou um manual dirigido a pais, escolas, professores de educação física e cuidadores, com orientações sobre a retomada das atividades físicas. E veja só que ideia legal que podemos tentar aplicar em casa também: soube que uma das estratégias utilizadas por pediatras e hebiatras para estimular os jovens a esse movimento tem sido perguntar aos próprios o que querem para si, para seu corpo e para sua saúde, ao que respondem: "crescer, ficar forte, não ficar acima do peso", e é quando juntos, médico e paciente, traçam uma meta incluindo a atividade física na rotina.

Não vou me ater aqui a detalhes como as diferenças que existem entre atividades físicas, esportes e competições, mas, simplesmente, lembrar que, para além do bem-estar que se opera devido ao relaxamento, há de se considerar que, diferente das telas, atividades físicas contribuem para o desenvolvimento de ossos, músculos, concentração, qualidade do sono, alimentação etc. Noutro passo, não ter esses aspectos devidamente regulados significa, entre outras questões, uma maior vulnerabilidade a deficiências, doenças, baixa imunidade, obesidade ou baixo peso, insônia, ansiedade e prejuízos psicossociais, por vezes irreversíveis.

Você se lembra da tríade da civilidade que falamos lá no comecinho do livro? Saúde, segurança e valores não são negociáveis! Então, bora montar o cronograma da semana e incluir tempo para o esporte e o contato com a natureza nesta lista? Podemos também inserir naquele contratinho do primeiro celular ou em outros combinados a prática de esporte, que tal? ■

Promoção da atividade física na infância
e adolescência - Sociedade Brasileira de Pediatria

QR Codes

Capítulo	Título	Autor	Página
Capítulo 1	Como toda criança pode florescer aos cinco	Molly Wright	25
Capítulo 2	Qual a idade certa para o primeiro celular?	Alessandra Borelli	42
Capítulo 2	Alerta aos pais	Leo Fraiman	45
Capítulo 2	A primeira infância	Ministério da Cidadania	58
Capítulo 2	Contratinho: Mereço ter meu próprio celular porque...	Alessandra Borelli	67
Capítulo 2	Contratinho: Pronto para navegar na web	Alessandra Borelli	67
Capítulo 3	Classificação indicativa: guia prático de audiovisual	Ministério da Justiça	78
Capítulo 3	Dê um pause e vem	Vivo	83
Capítulo 3	Não abandone os seus filhos	Leo Fraiman	83
Capítulo 4	A liberdade de expressão nos meios digitais	Alessandra Borelli	97
Capítulo 4	Diálogos com Zygmunt Bauman	Fronteiras do pensamento	98
Capítulo 4	Atenção para o toque de 9 segundos para perder o emprego (ou nem chegar a ser contratado)	Alessandra Borelli	104
Capítulo 4	Dependência digital não é legal	Alessandra Borelli	115
Capítulo 4	Teste de dependência da internet	PRO-AMITI	116
Capítulo 4	10 maneiras de fazer com que seu filho adolescente(e família) experimente uma desintoxicação digital	Connecticut Children's	120

Capítulo	Título	Autor	Página
Capítulo 5	Tabela de condutas	Alessandra Borelli	130
Capítulo 6	Sem abusos, mais saúde	Sociedade Brasileira de Pediatria	149
Capítulo 6	Manda *nudes*!	Alessandra Borelli	154
Capítulo 6	*Sexting*, *nudes* e *revenge porn*	Alessandra Borelli	154
Capítulo 6	Você curte usar webcam?	Alessandra Borelli	155
Capítulo 6	Diga não!	Europol	159
Capítulo 7	Conjugando o verbo postar	Alessandra Borelli	172
Capítulo 7	Já ouviu falar de crimes contra a honra?	Alessandra Borelli	181
Capítulo 7	Temos direito à liberdade de expressão, mas...	Alessandra Borelli	181
Capítulo 7	Conhecendo para prevenir *bullying* e *cyberbullying*	Alessandra Borelli	194
Capítulo 8	How the Obama/Jordan Peele's *deep fake* actually works	BBC	205
Capítulo 9	Os impactos da Lei Geral de Proteção de Dados em instituições de ensino (cartilha)	Alessandra Borelli	218
Capítulo 9	É pra já! A proteção de dados de crianças e adolescentes não pode esperar	Alessandra Borelli	218
Capítulo 9	E quando te pedem informações pessoais em uma compra?	InternetLab	219
Capítulo 11	Digital Family Model	Alessandra Borelli	245
Capítulo 13	The science of why you have great ideas in the shower	*National Geographic*	258
Capítulo 13	Promoção da Atividade Física na Infância e Adolescência	Sociedade Brasileira de Pediatria	259

REFERÊNCIAS

10 WAYS to Get Your Teen (and Family) to Try a Digital Detox. *Connecticut Children's*, 8 jul. 2021. Disponível em: https://bit.ly/3s8IltB. Acesso em: 20 out. 2022.

AAFPRS Annual Survey Reveals Key Trends In Facial Plastic Surgery. *The American Academy of Facial Plastic and Reconstructive Surgery* (AAFPRS), Washington, 23 jan., 2019. Disponível em: https://bit.ly/3yesgpz. Acesso em: 3 out. 2021.

AINSAAR, M.; LÖÖF, L. (Eds.). *Online Behaviour Related to Child Sexual Abuse.* Estocolmo: Council of the Baltic Sea States (CBSS), 2012. Disponível em: https://bit.ly/3RCcJXs. Acesso em: 3 out. 2021.

ALFANO, B. Filósofo americano defende que crianças usem celular e rede social a partir de 6 anos. *O Globo*, Rio de Janeiro, 5 jan. 2020. Educação. Disponível em: http://glo.bo/3C5OWt8. Acesso em: 3 out. 2021.

A LOOK at How Technology Affects us from Birth Onwards. *AVG Digital Diaries*, 2013. Disponível em: https://bit.ly/3STlFss. Acesso em: 3 out. 2021.

APA Resolution on Violent Video games. *American Psychological Association*, Washington, fev. 2020. Disponível em: https://bit.ly/3ybmZiz. Acesso em: 3 out. 2021.

A PARENT'S Guide to Mobile Phones. *ConnectSafely*, 2014. Disponível em: https://bit.ly/3SxMjHP. Acesso em: 3 out. 2021.

ANDRADE, M. A. S. A. *Controlo cognitivo na memória episódica: dados de adolescentes e jovens adultos.* 2014. 90 f. Dissertação (Mestrado em Ciência Cognitiva) – Faculdade de Psicologia, Universidade de Lisboa, Lisboa, 2014. Disponível em: https://bit.ly/3y7ftoX. Acesso em: 19 ago. 2021.

APAIXONADOS por tecnologia ficam 48h sem celulares em "praia detox". *G1*, Rio de Janeiro, 10 maio 2015. Fantástico. Disponível em: http://glo.bo/3SO0kkg. Acesso em: 3 out. 2021.

A TEENS Guide to Social Media Safety. *Safe Search Kids*, 2021. Disponível em: https://bit.ly/3ea3z6Q. Acesso em: 3 out. 2021.

AUGUSTO, T. Compra de seguidores cria "celebridades" nas redes sociais. *Veja*, São Paulo, 30 set. 2017. Disponível em: https://bit.ly/3CvR6UE. Acesso em: 3 out. 2021.

A VIOLÊNCIA sexual na internet. *Rede Care/APAV*, Lisboa, 2021. Disponível em: https://bit.ly/3rJNiIR. Acesso em: 13 set. 2021.

BAUMAN, Zygmunt. [S.l.: s.n.], 2011. 1 vídeo (30min 25s). Publicado pelo canal Fronteiras do Pensamento. Disponível em: https://bit.ly/3EWNUmk. Acesso em: 20 out. 2022.

BEN-JOSEPH, E. P. Teaching Kids to Be Smart About Social Media. *KidsHealth!*, Jacksonville, abr. 2018. Disponível em: https://bit.ly/3SPE4qb. Acesso em: 3 out. 2021.

BORELLI, A. 6 mandamentos da cidadania digital. *Grupo Autêntica* [on-line], 2022. Disponível em: https://bit.ly/3CPIaIm. Acesso em: 20 out. 2022.

BORELLI, A. A liberdade de expressão nos meios digitais. *Grupo Autêntica* [on-line], 2022. Artigo. Disponível em: https://bit.ly/3Sia71a. Acesso em: 20 out. *2022.*

BORELLI, A. Amanhã o autor pode ser você!. *Grupo Autêntica* [on-line], 2022. Folheto. Disponível em: https://bit.ly/3sbv1of. Acesso em: 20 out. 2022.

BORELLI, A. Brincadeiras perigosas. *Grupo Autêntica* [on-line], 2022. Folheto. Disponível em: https://bit.ly/3eP89b5. Acesso em: 20 out. 2022.

BORELLI, A. Conhecendo para prevenir *bullying* e *cyberbullying*. *Grupo Autêntica* [on-line], 2022. Folheto. Disponível em: https://bit.ly/3eG-QHWl. Acesso em: 20 out. 2022.

BORELLI, A. Conjugando o verbo postar. *Grupo Autêntica* [on-line], 2022. Folheto. Disponível em: https://bit.ly/3Shik5U. Acesso em: 20 out. 2022.

BORELLI, A. Dependência digital não é legal. *Grupo Autêntica* [on-line], 2022. Folheto. Disponível em: https://bit.ly/3eLy833. Acesso em: 20 out. 2022.

BORELLI, A. Digital family model. *Grupo Autêntica* [on-line], 2022. Folheto. Disponível em: https://bit.ly/3TBkEFM. Acesso em: 20 out. 2022.

BORELLI, A. É pra já!: a proteção de dados de crianças e adolescentes não pode esperar. Cartilha. *Grupo Autêntica* [on-line], 2022. Disponível em: https://bit.ly/3srlOZc. Acesso em: 20 out. 2022.

BORELLI, A. E se fosse com você... *Grupo Autêntica* [on-line], 2022. Folheto. Disponível em: https://bit.ly/3MK5Nqt. Acesso em: 20 out. 2022.

BORELLI, A. Eu topo! Se é maior engajamento das famílias que precisamos, é maior engajamento que teremos. *Grupo Autêntica* [on-line], 2022. Disponível em: https://bit.ly/3yYBTcu. Acesso em: 20 out. 2022.

BORELLI, A. Fica esperto pra não repassar. *Grupo Autêntica* [on-line], 2022. Folheto. Disponível em: https://bit.ly/3DeFPbi. Acesso em: 20 out. 2022.

BORELLI, A. Games: usando bem, que mal tem?. *Grupo Autêntica* [on-line], 2022. Folheto. Disponível em: https://bit.ly/3TisLrf. Acesso em: 20 out. 2022.

BORELLI, A. Pronto para navegar na web. *Grupo Autêntica* [on-line], 2022. Folheto. Disponível em: https://bit.ly/3TERohF. Acesso em: 20 out. 2022.

BORELLI, A. Já ouviu falar de crimes contra a honra?. *Grupo Autêntica* [on-line], 2022. Folheto. Disponível em: https://bit.ly/3sgidNa. Acesso em: 20 out. 2022.

BORELLI, A. Manda *nudes*!. *Grupo Autêntica* [on-line], 2022c. Folheto. Disponível em: https://bit.ly/3COtNnV. Acesso em: 20 out. 2022.

BORELLI, A. Mereço ter meu próprio celular porque... *Grupo Autêntica* [on-line], 2022. Folheto. Disponível em: https://bit.ly/3DmAOxP. Acesso em: 20 out. 2022.

BORELLI, A. Atenção para o toque de 9 segundos para perder o emprego (ou nem chegar a ser contratado). *Grupo Autêntica* [on-line], 2022. Folheto. Disponível em: https://bit.ly/3Ts9OSW. Acesso em: 20 out. 2022.

BORELLI, A. Nos grupos de WhatsApp... *Grupo Autêntica* [on-line], 2022. Folheto. Disponível em: https://bit.ly/3MNOoNF. Acesso em: 20 out. 2022.

BORELLI, A. Os impactos da Lei Geral de Proteção de Dados em instituições de ensino. *Grupo Autêntica* [on-line], 2022. Cartilha. Disponível em: https://bit.ly/3gllvw3. Acesso em: 20 out. 2022.

BORELLI, A. Pediu pra parar, PARE!. *Grupo Autêntica* [on-line], 2022. Folheto. Disponível em: https://bit.ly/3TB3Xub. Acesso em: 20 out. 2022.

BORELLI, A. Pornografia e exploração sexual infantil. *Grupo Autêntica* [on-line], 2022a. Folheto. Disponível em: https://bit.ly/3glaafu. Acesso em: 20 out. 2022.

BORELLI, A. Pornografia infantil: prevenção é tudo. *Grupo Autêntica* [on-line], 2022b. Folheto. Disponível em: https://bit.ly/3yWcxvT. Acesso em: 20 out. 2022.

BORELLI, A. Qual a idade certa para o primeiro celular?. *Grupo Autêntica* [on-line], 2022. Artigo. Disponível em: https://bit.ly/3eJBtQj. Acesso em: 20 out. 2022.

BORELLI, A. Segurança da informação começa dentro de casa. *Grupo Autêntica* [on-line], 2022. Folheto. Folder. Disponível em: https://bit.ly/3ScC9uZ. Acesso em: 20 out. 2022.

BORELLI, A. Selfie. *Grupo Autêntica* [on-line], 2022. Folheto. Disponível em: https://bit.ly/3VLjyco. Acesso em: 20 out. 2022.

BORELLI, A. Tabela de condutas. *Grupo Autêntica* [on-line], 2022. Folheto. Disponível em: https://bit.ly/3gcPfuW. Acesso em: 20 out. 2022.

BORELLI, A. Temos direito à liberdade de expressão, mas... *Grupo Autêntica* [on-line], 2022. Folheto. Disponível em: https://bit.ly/3DdqKqD. Acesso em: 20 out. 2022.

BORELLI, A. Vamos juntos combater o *bullying* nos meios digitais. *Grupo Autêntica* [on-line], 2022d. Folheto. Disponível em: https://bit.ly/3s9yP9l. Acesso em: 20 out. 2022.

BORELLI, A. Velhos problemas, novos acessos. *Grupo Autêntica* [on-line], 2022. Folheto. Disponível em: https://bit.ly/3Ddr9cD. Acesso em: 20 out. 2022.

BORELLI, A. Você curte usar webcam? *Grupo Autêntica* [on-line], 2022. Folheto. Disponível em: https://bit.ly/3s8BXT0. Acesso em: 20 out. 2022.

BORELLI, A.; CAMARGO, C. Recomendações e boas práticas para o uso seguro das redes sociais por toda a família. *OAB*; *Nethics Educação Digital*; *YPB Marketing Digital*, São Paulo, 2015. Disponível em: https://tinyurl.com/chpte4wt. Acesso em: 13 set. 2021.

BORELLI, A.; ZAMPERLIN, E. Conhecendo para prevenir: *bullying* e *cyberbullying. Grupo Autêntica* [on-line], 2022. Cartilha. Disponível em: https://bit.ly/3eGQHWl. Acesso em: 13 set. 2021.

BORELLI, A.; ZAMPERLIN, E. *Sexting, nudes* e *revenge porn. Grupo Autêntica* [on-line], 2022. Cartilha. Disponível em: https://tinyurl.com/ysz4bk8z. Acesso em: 13 set. 2021.

BRASIL. *Crime Racial*. Lei n.º 7.716, de 5 de janeiro de 1989. Disponível em: https://bit.ly/3VKmE0p. Acesso em: 21 out. 2022.

BRASIL. *Código Civil*. Lei n.º 10.406 de 10 de janeiro de 2002. Institui o Código Civil. Brasília: Presidência da República, 2002. Disponível em: https://bit.ly/3fD3gC1. Acesso em: 3 out. 2021.

BRASIL. *Código Penal*. Artigo 218C do Decreto Lei n.º 2.848 de 07 de dezembro de 1940. Diário Oficial da União. Brasília: Presidência da República, 31 dez. 1940.

BRASIL. Constituição da República Federativa do Brasil, de 5 de outubro de 1988. Brasília, 1988. Disponível em: https://bit.ly/3gwBacc. Acesso em: 21 out. 2022.

BRASIL. *Estatuto da Criança e do Adolescente*. Lei n.º 8.069 de 13 de julho de 1990. Dispõe sobre a proteção integral à criança e ao adolescente.

Brasília: Presidência da República, 1990. Disponível em: https://bit.ly/3C44wWm. Acesso em: 3 out. 2021.

BRASIL. Lei n.º 13.185, de 6 de novembro de 2015. Institui o Programa de Combate à Intimidação Sistemática (*bullying*). Brasília: Presidência da República, 2015b. Disponível em: https://bit.ly/3CtA0qb. Acesso em: 3 out. 2021.

BRASIL. *Marco Civil da Internet.* Lei n.º 12.964/14, de 23 de abril de 2014. Disponível em: https://bit.ly/3CKDaow. Acesso em: 21 out. 2022.

BRASIL. *Marco Legal da Primeira Infância.* Lei n.º 13.257, de 8 de março de 2016. Dispõe sobre as políticas públicas para a primeira infância. Brasília: Presidência da República, 2016. Disponível em: https://bit.ly/3RzrYQZ. Acesso em: 3 out. 2021.

BRASIL. Ministério da Cidadania. *A primeira infância.* [Brasília]: Ministério da Cidadania; Secretaria Especial do Desenvolvimento Social Criança Feliz; [s.d.]. Disponível em: https://bit.ly/3MlcnU8. Acesso em: 20 out. 2022.

BRASIL. Ministério da Cultura. A liberdade é uma conquista. *InformArte*, ano 4, n. 2, 2015a. Disponível em: https://bit.ly/3dVJGAw. Acesso em: 29 set. 2022.

BRASIL. Ministério da Justiça. *Classificação indicativa.* [Brasília]: Ministério da Justiça, [s.d.]. Disponível em: https://bit.ly/3fRrTLa. Acesso em: 7 out. 2022.

BREDA, V. C. T. *et al.* Dependência de jogos eletrônicos em crianças e adolescentes. *Revista Brasileira de Psicoterapia*, Porto Alegre, v. 16, n. 1, p. 53-67, 2014. Disponível em: https://bit.ly/3SxLuid. Acesso em: 3 out. 2021.

BRIEFING Paper 2: Incidence Rates and Impact of Experiencing Interpersonal Violence and Abuse in Young People's Relationships. *Safeguarding Teenage Intimate Relationships* (STIR), Bristol, 2015. Disponível em: https://bit.ly/3RH8Y35. Acesso em: 3 out. 2021.

BROILO, P. L.; TISSER, L. A. Uso de tecnologias da informação e comunicação na pré-adolescência: um comportamento a ser observado em avaliações psicológicas e neuropsicológicas. In: CONGRESSO BRASILEIRO

DE AVALIAÇÃO PSICOLÓGICA, 10, 2021 [evento on-line]. *Anais e palestras*. [S.l.]: Instituto Brasileiro de Avaliação Psicológica (IBAP), 2021. Disponível em: https://bit.ly/3C4d9QF. Acesso em: 3 out. 2021.

BULLYING and cyberbullying. *National Society for The Prevention of Cruelty to Children* (NSPCC), London, 2021. Disponível em: https://bit.ly/3RFM-fEz. Acesso em: 13 set. 2021.

CAFARDO, R. Pai e mãe negligentes, filho-problema. *O Estado de S. Paulo*, São Paulo, 14 ago. 2005. Disponível em: https://bit.ly/3rrN3SY. Acesso em: 3 out. 2021.

CASSANTI, M. O. *Crimes virtuais, vítimas reais*. Rio de Janeiro: Brasport, 2014.

CASTILHO, W. *Você sabe o que o seu filho está fazendo na internet? A criança e o adolescente como alvos de criminosos no mundo virtual*. São Paulo: Matrix, 2014.

CASTRO, F. "Fake news" têm 70% mais chance de viralizar que as notícias verdadeiras, segundo novo estudo. *O Estado de S. Paulo*, São Paulo, 8 mar. 2018. Disponível em: https://bit.ly/3V0lo8Y. Acesso em: 3 out. 2021.

CHILDREN'S Online Privacy Protection Rule: A Six-step Compliance Plan for Your Business. *Federal Trade Comission*, Washington, 2017. Disponível em: https://bit.ly/3EdgVtC. Acesso em: 3 out. 2021.

CHEN, Y. *et al*. Positive Parenting Improves Multiple Aspects of Health and Well-being in Young Adulthood. *Nature Human Behaviour*, London, v. 3, p. 684-691, may 2019. Disponível em: https://go.nature.com/3fElcMl. Acesso em: 19 ago. 2021.

COHEN, I. G.; MELLO, M. M. Big Data, Big Tech, and Protecting Patient Privacy. *JAMA*, v. 322, n. 12, p. 1141-1142, 2019. Disponível em: https://bit.ly/3Edl2pz. Acesso em: 3 out. 2021.

COLINO, Stacey. The science of why you have great ideas in the shower. *National Geographic*, ago. 2022. Disponível em: https://bit.ly/3CI7rnT. Acesso em: 18 out. 2022.

COPELAND, W. E. *et al*. Adult Psychiatric Outcomes of Bullying and Being Bullied by Peers in Childhood and Adolescence. *JAMA Psychiatry*, v. 70, n. 4, p. 419-426, 2013. Disponível em: https://bit.ly/3SUxbUm. Acesso em: 3 out. 2021.

CRAMER, S.; INKSTER, B. *#StatusOfMind: Social Media and Young People's Mental Health and Wellbeing*. London: RSPH, 2017. Disponível em: https://bit.ly/3ehWYqZ. Acesso em: 3 out. 2021.

CRIANÇAS e adolescentes conectados ajudam os pais a usar a Internet, revela TIC Kids Online Brasil. *Cetic br*, 23 jun. 2020. Disponível em: https://bit.ly/3rHztuL. Acesso em: 10 out. 2022.

CRIMES na Web: a redução dos crimes na web também depende da conduta e das boas escolhas on-line. *SaferNet*, [s.d.]. Disponível em: https://bit.ly/3LUoqHI. Acesso em: 30 set. 2022.

CYBER Choices: Helping You Choose the Right and Legal Path. *National Crime Agency*, London, 2021. Disponível em: https://bit.ly/3RvFYLp. Acesso em: 13 set. 2021.

CYBERBULLYING Fact Sheet: Identification, Prevention, and Response. *Cyberbullying Research Center*, United States, 2021. Disponível em: https://bit.ly/3UXnBCb. Acesso em: 3 out. 2021.

CYBERBULLYING in Plain Sight: A McAfee Connected Family Report. *McAfee*, 2022. Disponível em: https://bit.ly/3Rrt29B. Acesso em: 30 set. 2022.

DEARO, G. Nos EUA, uso de *fake news* nas eleições 2018 já superou Trump em 2016. *Exame*, São Paulo, 3 nov. 2018. Disponível em: https://bit.ly/3rpuLBs. Acesso em: 3 out. 2021.

DENHAM, Elizabeth. Age Appropriate Design: A Code of Practice for Online Services. *Information Commissioner's Office*, 2020. Disponível em: https://bit.ly/3RyLVrc. Acesso em: 3 out. 2021.

DENÚNCIAS de pornografia infantil cresceram 33,45% em 2021, aponta a SaferNet Brasil. *SaferNet*, 18 maio 2021. Disponível em: https://bit.ly/3yyRBuv. Acesso em: 10 out. 2022.

DESMURGET, M. *A fábrica de cretinos digitais: os perigos das telas para as nossas crianças*. São Paulo: Vestígio, 2021.

DICAS de como se proteger contra crimes cibernéticos. *Kaspersky Lab*, Moscou, 2021. Disponível em: https://bit.ly/3CwfEwJ. Acesso em: 3 out. 2021.

DICAS para pais. *SaferNet Brasil*, [s.d.]. Disponível em: https://bit.ly/3D6OKM5. Acesso em: 18 out. 2022.

DIGITAL 2021: Your ultimate guide to the evolving digital world. *We Are Social*, New York, 2021. Disponível em: https://bit.ly/3Ema9Sm. Acesso em: 3 out. 2021.

DINIZ, A. C. Empresas proíbem o uso dos smartphones nas salas de reunião. *O Globo*, Rio de Janeiro, 2 abr. 2017. Economia. Disponível em: http://glo.bo/3SyvRHf. Acesso em: 3 out. 2021.

D'URSO, L. A. F. (Coord). *Cartilha todos contra as fake news*. São Paulo: Câmara Municipal de São Paulo; Escola do Parlamento, 2020. Disponível em: https://bit.ly/3M4Fbjq. Acesso em: 3 out. 2021.

DWYER, R. J.; KUSHLEV, K.; DUNN, E. W. Smartphone Use Undermines Enjoyment of Face-to-face Social Interactions. *Journal of Experimental Social Psychology*, Canterbury, v. 78, p. 233-239, Sept. 2018. Disponível em: https://bit.ly/3SQb7KS. Acesso em: 3 out. 2021.

EISENSTEIN, E.; ESTEFENON, S. B. Geração digital: riscos das novas tecnologias para crianças e adolescentes. *Revista Hospital Universitário Pedro Ernesto*, Rio de Janeiro, v. 10, s. 2, p. 42-52, 2011. Disponível em: https://bit.ly/3Cuem5e. Acesso em: 3 out. 2021.

EISENSTEIN, E.; ESTEFENON, S. B. (Orgs.). *Geração digital: riscos e benefícios das novas tecnologias para as crianças e os adolescentes*. Rio de Janeiro: Viera & Lent, 2008.

EISENSTEIN, E. *et al. Dependência virtual: um problema crescente – Menos vídeos, mais saúde*. Guia prático de atualização: Grupo de Trabalho Saúde na Era Digital. Rio de Janeiro: Sociedade Brasileira de Pediatria, 2020. Disponível em: https://bit.ly/3TyFxBC. Acesso em: 3 out. 2021.

EISENSTEIN, E. *et al. Menos telas, mais saúde.* Guia prático de atualização: Grupo de Trabalho Saúde na Era Digital. Rio de Janeiro: Sociedade Brasileira de Pediatria, 2019. Disponível em: https://bit.ly/3fOWcSG. Acesso em: 3 out. 2021.

EISENSTEIN, E. *et al. Promoção da Atividade Física na Infância e Adolescência Sociedade Brasileira de Pediatria*. Guia prático de atualização: Grupo de Trabalho Saúde na Era Digital. Rio de Janeiro: Sociedade Brasileira de Pediatria, 2017. Disponível em: https://bit.ly/3eJUbr1. Acesso em: 3 out. 2021.

EISENSTEIN, E. *et al. Sem abusos, mais saúde.* Guia prático de atualização: Grupo de Trabalho Saúde na Era Digital. Rio de Janeiro: Sociedade Brasileira de Pediatria, 2021. Disponível em: https://bit.ly/3D9XT6x. Acesso em: 20 out. 2022.

EMPRESÁRIO italiano condenado por vender avaliações falsas no TripAdvisor. *Diário de Notícias*, Lisboa, 14 set. 2018. Disponível em: https://bit.ly/3yeQaRY. Acesso em: 3 out. 2021.

ESRB. Search ESRB Game Ratings. Entertainment Software Rating Board. [s.d.]. Disponível em: https://www.esrb.org/. Acesso em: 7 out. 2022.

EUROPEUS tentam usar tecnologia contra coronavírus, mas esbarram em privacidade. *CNN Brasil*, São Paulo, 26 mar. 2020. Disponível em: https://bit.ly/3fEGoCb. Acesso em: 3 out. 2021.

EUROPOL. [S.l.: s.n.], 2017. 1 vídeo (10 min 34s). Publicado pelo canal Europol. Disponível em: https://bit.ly/3grZLhW. Acesso em: 20 out. 2022.

EXECUTIVA pede desculpas por mensagem racista sobre Aids e África. *G1*, Rio de Janeiro, 23 dez. 2013. Disponível em: http://glo.bo/3V1a10s. Acesso em: 3 out. 2021.

FONSECA, E. M. G. O. Desenvolvimento normal de 1 a 5 anos. *Revista de Pediatria da SOPERJ* (Sociedade de Pediatria do Estado do Rio de Janeiro), Rio de Janeiro, v. 12, s. 1, p. 4-8, ago. 2011. Disponível em: https://bit.ly/3UXcj0I. Acesso em: 19 ago. 2021.

FORTIM, I. (Org.). *O que as famílias precisam saber sobre games? Um guia para cuidadores de crianças e adolescentes*. São Paulo: Homo Ludens, 2020. Disponível em: https://cartilhagames.com.br/. Acesso em: 3 out. 2021.

FOTOS postadas sem autorização em redes sociais viram polêmica entre pais e filhos. *G1*, Rio de Janeiro, 7 abr. 2019. Disponível em: http://glo.bo/3rtUMzU. Acesso em: 3 out. 2021.

FRAIMAN, L. *Alerta aos pais.* São Paulo, 17 ago. 2022. Instagram: @leofraimanoficial. Disponível em: https://bit.ly/3MsxjbR. Acesso em: 11 out. 2022.

FRAIMAN, L. *Como ensinar bem a crianças e adolescentes de hoje: teoria e prática na sala de aula.* São Paulo: FTD, 2017.

FRAIMAN, L. *Meu filho chegou à adolescência, e agora? Como construir um projeto de vida juntos.* São Paulo: Integrare, 2011.

FRAIMAN, L. *Não abandone os seus filhos.* São Paulo, 6 out. 2022. Instagram: @leofraimanoficial. Disponível em: https://bit.ly/3Cp7l4h. Acesso em: 11 out. 2022.

FREITAS, A. Como identificar a veracidade de uma informação e não espalhar boatos. *Nexo Jornal*, São Paulo, 12 out. 2016. Disponível em: https://bit.ly/3ybLiwX. Acesso em: 3 out. 2021.

GENTILE, D. A. *et al.* Internet Gaming Disorder in Children and Adolescents. *Pediatrics*, v. 140, s. 2, nov. 2017. Disponível em: https://bit.ly/3SzWbAF. Acesso em: 3 out. 2021.

GIBBS, S. Hackers Can Hijack Wi-fi Hello Barbie to Spy on Your Children. *The Guardian*, London, nov. 26, 2015. Disponível em: https://bit.ly/3fF4dtm. Acesso em: 3 out. 2021.

GRABER, E. G. Desenvolvimento do adolescente. *Manual MSD: versão para profissionais de saúde,* 2019. Disponível em: https://msdmnls.co/3E-97cEN. Acesso em: 3 out. 2021.

GRABER, E. G. Desenvolvimento infantil. *Manual MSD: versão para profissionais de saúde,* 2019. Disponível em: https://msdmnls.co/3rsH402. Acesso em: 3 out. 2021.

GRATÃO, Paulo. Como a pandemia transformou mães em empreendedoras – e como elas lidam com os desafios. *PEGN*, 9 maio 2021. Disponível em: http://glo.bo/3rjYMTe. Acesso em: 29 set. 2022.

GUIMÓN, P. Os gurus digitais criam os filhos sem telas. *El País Brasil*, São Paulo, 12 abr. 2019. Notícias. Disponível em: https://bit.ly/3Rz2PWH. Acesso em: 3 out. 2021.

HARTMANN, M. Tédio e ócio, apesar de angustiantes, podem fazer bem para criatividade e reflexão. *O Estado de S. Paulo*, São Paulo, 25 abr. 2017. Disponível em: https://bit.ly/3CoFkKv. Acesso em: 3 out. 2021.

HARVARD "expulsa" alunos que publicaram memes ofensivos. *Catraca Livre*, São Paulo, 6 jun. 2017. Educação. Disponível em: https://bit.ly/3r-pEuHZ. Acesso em: 3 out. 2021.

HAUTSCH, O. Como funciona a realidade aumentada. *Tecmundo*, Curitiba, 19 maio 2009. Disponível em: https://bit.ly/3BWwHGE. Acesso em: 3 out. 2021.

HENRIQUES, I.; HARTUNG, P. Nova economia dos dados: crianças são exploradas sem que pais percebam. *UOL*, São Paulo, 18 jul. 2020. Disponível em: https://bit.ly/3ycqy81. Acesso em: 3 out. 2021.

HOLLOWAY, D. J.; GREEN, L. The Internet of Toys. *Communication Research and Practice*, v. 2, n. 4, 2016. Disponível em: https://bit.ly/3Cv-Na6i. Acesso em: 3 out. 2021.

HORIZON: The Great British Intelligence Test. *BBC*, London, Apr. 17, 2020. Disponível em: https://bbc.in/3Cu0gRn. Acesso em: 3 out. 2021.

HOW PARENTAL Controls Impact Child Accounts. *Electronic Arts Help*, 27 jul. 2021. Disponível em: https://bit.ly/3UWmOBn. Acesso em: 3 out. 2021.

HOW TO SPOT Fake News: IFLA in the Post-truth Society. *International Federation of Library Associations and Institutions* (IFLA), Haia, feb. 1, 2017. Disponível em: https://bit.ly/3CvNPVk. Acesso em: 3 out. 2021.

HOWSE, P. "Pornography Addiction Worry" for Tenth of 12 to 13-year-olds. *BBC News*, London, Mar. 31, 2015. Disponível em: https://bbc.in/3dXJ90Z. Acesso em: 3 out. 2021.

HUNT, E. Faking It: How Selfie Dysmorphia Is Driving People to Seek Surgery. *The Guardian*, London, jan. 23, 2019. Health & Wellbeing. Disponível em: https://bit.ly/3C4ulpb. Acesso em: 3 out. 2021.

INDICADORES da Central Nacional de Denúncias de Crimes Cibernéticos. *SaferNet Brasil*, Salvador, 2021. Disponível em: https://bit.ly/3SPrRlW. Acesso em: 3 out. 2021.

INTERNETLAB. E quando te pedem informações pessoais em uma compra? [S.l.: s. n.] 2018. 1 vídeo (2min 48s). Publicado pelo canal InternetLab. Disponível em: https://bit.ly/3CsnmXe. Acesso em: 11 out. 2022.

INTERPOL Report Shows Alarming Rate of Cyberattacks During Covid-19. *Interpol*, Lyon, ago. 4, 2020. Disponível em: https://bit.ly/3SQoevj. Acesso em: 3 out. 2021.

JOHN, A. *et al*. Self-Harm, Suicidal Behaviours, and Cyberbullying in Children and Young People: Systematic Review. *Journal of Medical Internet Research*, v. 20, n. 4, e129, apr. 19, 2018. Disponível em: https://bit.ly/3M4XbKw. Acesso em: 3 out. 2021.

JOVENS podem ter que mudar nome para apagar passado na web, diz presidente da Google. *O Globo*, Rio de Janeiro, 18 ago. 2010. Economia. Disponível em: http://glo.bo/3CweS2N. Acesso em: 3 out. 2021.

KARNAL, L. [S.l.: s.n.], 2020. 1 vídeo (1h 07min 58s). Publicado pelo canal Conexia. Disponível em: https://bit.ly/3EuHfQn. Acesso em: 19 ago. 2021.

KAUFMAN, D. As "fake news" atingem também os negócios. *Época Negócios*, São Paulo, 24 jul. 2019. Disponível em: http://glo.bo/3Edlynu. Acesso em: 3 out. 2021.

KROSS, E. *et al*. Facebook Use Predicts Declines in Subjective Well-Being in Young Adults. *PLOS ONE*, San Francisco, v. 8, n. 8, Ago. 14, 2013. Disponível em: https://bit.ly/3EdMQdF. Acesso em: 13 set. 2021.

LANDRY, S. H. O papel dos pais na aprendizagem na primeira infância. *Enciclopédia sobre o desenvolvimento na primeira infância*, 2008. Disponível em: https://bit.ly/3BXtZAw. Acesso em: 13 set. 2021.

LARA, R. Veja sete desafios da internet que podem causar problemas e até te matar. *UOL*, São Paulo, 15 mar. 2020. Disponível em: https://bit.ly/3C3PU9w. Acesso em: 13 set. 2021.

LEE, Michael. 5 Tips For Helping Your Teen Navigate Social Media. *Family Digital*, Virginia Beach, fev. 24, 2021. Disponível em: https://bit.ly/3SC1iAy. Acesso em: 3 out. 2021.

LEIBIG, S.; RAMOS, L. F. M. *Filhos: o que fazer com eles? Sugestões para acertar sempre!*. São Paulo: All Print, 2009.

LUPTON, D.; WILLIAMSON, B. The Datafied Child: The Dataveillance of Children and Implications for Their Rights. *New Media & Society*, v. 19, n. 5, 2017. Disponível em: https://bit.ly/3CbGn0e. Acesso em: 13 set. 2021.

MÃES empreendedoras: 3 histórias de sucesso para se inspirar. *UOL*, 29 abr. 2022. Disponível em: https://bit.ly/3Ch2NhJ. Acesso em: 29 set. 2022.

MAIS da metade dos brasileiros não sabe reconhecer uma notícia falsa. *Revista Educação*, São Paulo, 8 abr. 2020. Disponível em: https://bit.ly/3SA1eB7. Acesso em: 13 set. 2021.

MARIN, A. Ferramenta que busca identificar informação falsa na web é criada por grupo da USP e UFSCar. *G1*, Rio de Janeiro, 18 out. 2018. Disponível em: http://glo.bo/3Cup8sj. Acesso em: 13 set. 2021.

MARTINS, Alexandra. Na web, 12 milhões difundem *fake news* políticas. *O Estado de S. Paulo*, São Paulo, 17 set. 2017. Disponível em: https://bit.ly/3rtjAbe. Acesso em: 24 maio 2022.

MATWIJSZYN, M. *A imitação no desenvolvimento infantil e suas implicações para a educação segundo as concepções Antroposófica e Walloniana*. 2003. 211 f. Dissertação (Mestrado em Educação) – Centro de Educação, Universidade Federal de Pernambuco, Recife, 2003. Disponível em: https://bit.ly/3RvPrT5. Acesso em: 19 ago. 2021.

MIGON, M. N. (Coord.). *TIC Kids Online Brasil 2019: pesquisa sobre o uso da internet por crianças e adolescentes no Brasil*. São Paulo: Comitê Gestor da Internet no Brasil (CGI), 2020. Disponível em: https://bit.ly/3Vcu50c. Acesso em: 3 out. 2021.

MILKAITE, I.; LIEVENS, E. The Internet of Toys: Playing Games with Children's Data. In: MASCHERONI, G.; HOLLOWAY, D. (Ed.). *The Internet of Toys: Practices, Affordances and the Political Economy of Children's*

Smart Play. London: Palgrave Macmillan, 2019. p. 285-305. Disponível em: https://bit.ly/3rnGAZb. Acesso em: 13 set. 2021.

MINISTÉRIO da Mulher lançará campanha para incentivar "detox digital" nas famílias. *GZH*, Porto Alegre, 9 jul. 2019. Disponível em: https://bit.ly/3E8B1Fw. Acesso em: 13 set. 2021.

MULHERES perdem trabalho após terem filhos. *Think Tank FGV*, 2016. Disponível em: https://bit.ly/3LSDHJ6. Acesso em: 29 set. 2022.

MUSTARD, J. F. Desenvolvimento cerebral inicial e desenvolvimento humano. *Enciclopédia sobre o desenvolvimento na primeira infância*, 2010. Disponível em: https://bit.ly/3STLIA0. Acesso em: 13 set. 2021.

NABUCO, C. Efeitos do uso excessivo da internet e dos videogames sobre a memória. *UOL*, São Paulo, 11 abr. 2016. Blog do Dr. Cristiano Nabuco. Disponível em: https://bit.ly/3e0UTj4. Acesso em: 13 set. 2021.

NABUCO, C. Você sabe a que riscos se expõe ao compartilhar a vida nas redes? *UOL*, São Paulo, 3 mar. 2020. Blog do Dr. Cristiano Nabuco. Disponível em: https://bit.ly/3M0VPAC. Acesso em: 13 set. 2021.

NERY, A. D. Quais os benefícios que os games podem trazer para crianças e adolescentes? In: ABRUSIO, J. (Coord.). *Educação digital*. São Paulo: Revista dos Tribunais, 2015. p. 207-214.

NEUROCIENTISTA francês desmonta mito do "multitarefa" e explica mecanismos cerebrais da atenção. *G1*, Rio de Janeiro, 13 mar. 2018. Disponível em: http://glo.bo/3SzUfIt. Acesso em: 3 out. 2021.

NEUTE, Fernanda. 5 coisas que aprendi em 5 dias sem redes sociais. *Fê-Liz com a Vida*, Nova York, 2016. Disponível em: https://bit.ly/3fOdM9q. Acesso em: 13 set. 2021.

NEWALL, Mallory. Cyberbullying: A Global Advisor Survey. *Ipsos Public Affairs*, Paris, 2018. Disponível em: https://bit.ly/3V00ze0. Acesso em: 3 out. 2021.

NEWMAN, N. *et al. Reuters Institute Digital News Report 2021*. Oxford: Reuters Institute for the Study of Journalism/University of Oxford, 2021. Disponível em: https://bit.ly/3CDAbiX. Acesso em: 13 set. 2021.

O DILEMA das redes sociais. Direção: Jeff Orlowski. Produção de Exposure Labs. Estados Unidos: Netflix, 2020. Streaming (1h34m.).

ONLINE Abuse. *National Society for The Prevention of Cruelty to Children* (NSPCC), London, 2021. Disponível em: https://bit.ly/3y8IqRi. Acesso em: 13 set. 2021.

ONLINE Safety Tips. *Pan-European Game Information* (PEGI), Brussels, 2017. Disponível em: https://bit.ly/3Ek6FQv. Acesso em: 13 set. 2021.

ONU. Assembleia Geral das Nações Unidas. *Convenção das Nações Unidas sobre os Direitos da Criança*. 1989. Disponível em: https://uni.cf/3SWjODg. Acesso em: 13 set. 2021.

O QUE é Hotline?. *SaferNet Brasil*, Salvador, 2021. Disponível em: https://bit.ly/3RHCyW3. Acesso em: 3 out. 2021.

PARRA, E. C.; CHAGAS, L. X.; CAMARGO, R. D. A. *A doença do século: estresse ocupacional na mulher moderna*. 66 f. Projeto de Pesquisa (Graduação em Psicologia) – Universidade Paulista de Sorocaba, Sorocaba, 2012. Disponível em: https://bit.ly/3CgDfjl. Acesso em: 19 ago. 2021.

PARENT Guide to Protecting Teens on Social Media. *Safe Search Kids*, 2021. Disponível em: https://bit.ly/3V6LuHr. Acesso em: 3 out. 2021.

PARENTS' Ultimate Guide to Cybersecurity. *Panda mediacenter*, 11 jan. 2018. Disponível em: https://bit.ly/3T3YtYu. Acesso em: 13 set. 2021.

PATUREL, A. How Do Video Games Affect Brain Development in Children and Teens?. *Brain&Life: American Academy of Neurology*, Minneapolis, jun.-jul. 2014. Disponível em: https://bit.ly/3yncSXX. Acesso em: 13 set. 2021.

PEELE, Jordan. How the Obama/Jordan Peele's *deep fake* actually works [S.l.: s.n.] 2018. 1 vídeo (1min 12s). Publicado pelo canal BBC. Disponível em: https://bit.ly/3TUHhp3. Acesso em: 7 out. 2022.

PÉREZ-LANZAC, C. Não publique aquela foto do seu filho nas redes sociais. *El País Brasil*, São Paulo, 9 jul. 2019. Disponível em: https://bit.ly/3Tj1ncn. Acesso em: 13 set. 2021.

PESQUISA do UNICEF: mais de um terço dos jovens em 30 países relatam ser vítimas de bullying on-line. *UNICEF*, Nova York, 2019. Disponível em: https://uni.cf/3rzikTZ. Acesso em: 3 out. 2021.

PLUHAR, E. *et al*. Problematic Interactive Media Use in Teens: Comorbidities, Assessment, and Treatment. *Psychology Research and Behavior Management*, v. 12, 27 jun. 2019. Disponível em: https://bit.ly/3MiUKV6. Acesso em: 13 set. 2021.

POLATO, A.; MACEDO, L.; MODELLI, L. Um terço da população mundial está em isolamento; veja medidas de diferentes países para conter o coronavírus. *G1*, Rio de Janeiro, 27 mar. 2020. Disponível em: http://glo.bo/3ehVUU1. Acesso em: 13 set. 2021.

POMERANTZ, S. Social Media Safety for Teens & Tweens. *Center City Pediatrics*, Philadelphia, 17 set. 2019. Disponível em: https://bit.ly/3e722i5. Acesso em: 13 set. 2021.

PRICE, C. *Celular: como dar um tempo – O plano de 30 dias para se livrar da ansiedade e retomar a sua vida*. São Paulo: Fontanar, 2018.

PRO-AMITI. Teste de dependência da internet. *Dependência de internet e outras tecnologias*, [s.d.]. Disponível em: https://bit.ly/3yRj8Yn. Acesso em: 20 out. 2022.

PRZYBYLSKI, A. K.; WEINSTEIN, N. Violent Video Game Engagement Is Not Associated with Adolescents' Aggressive Behaviour: Evidence from a Registered Report. *Royal Society Open Science*, London, v. 6, n. 2, 13 fev. 2019. Disponível em: https://bit.ly/3ylAIDn. Acesso em: 13 set. 2021.

QUEROL, R. de. Zygmunt Bauman: "As redes sociais são uma armadilha". *El País Brasil*, São Paulo, 8 jan. 2016. Cultura. Disponível em: https://bit.ly/3V6rS6k. Acesso em: 13 set. 2021.

RESK, F.; CAFARDO, R. Professor de escola particular de SP é preso em operação contra pornografia infantil. *O Estado de S. Paulo*, São Paulo, 18 fev. 2020. Disponível em: https://bit.ly/3RHAYDB. Acesso em: 13 set. 2021.

RIBEIRO, A. G. Mulher morta após boato em rede social é enterrada em Guarujá, SP. *G1*, Rio de Janeiro, 6 maio 2014. Disponível em: http://glo.bo/3V5hGer. Acesso em: 3 out. 2021.

RICH, M. Can Smartphones Make Smart Kids? *Pediatrics*, Itasca, v. 145, n. 1, 1 jan. 2020. Disponível em: https://bit.ly/3CDAr1p. Acesso em: 3 out. 2021.

ROSSI, M. Mulher espancada após boatos em rede social morre em Guarujá, SP. *G1*, Rio de Janeiro, 5 maio 2014. Disponível em: http://glo.bo/3ryVT0X. Acesso em: 3 out. 2021.

SAFEGUARDING Children. *Get Safe Online*, London, 2021. Disponível em: https://bit.ly/3M4UicE. Acesso em: 3 out. 2021.

SALAS, P. Cuidado com a fábrica de mentiras. *Nova Escola*, São Paulo, 2 maio 2021. Disponível em: https://bit.ly/3rCDdO4. Acesso em: 3 out. 2021.

SANDOIU, A. What Is "Snapchat Dysmorphia," and Why Is It Concerning? *Medical News Today*, Cheltenham, 7 aug. 2018. Disponível em: https://bit.ly/3Mb5QeC. Acesso em: 3 out. 2021.

SANTOS, P.; MANTEIGAS, J. *Internet segura para crianças: guia para pais e educadores*. Lisboa: FCA, 2010.

SCHELB, G. *10 comportamentos de crianças que devem ser investigados*. [S.l.], 29 out. 2021. Instagram: @guilhermeschelb. Disponível em: https://bit.ly/3CiF8fL. Acesso em: 30 out. 2021.

SCAVACINI, K.; GUEDES, I.; CACCIACARRO, M. *Prevenção do suicídio na internet: pais e educadores*. São Paulo: Instituto Vita Alere de Prevenção e Posvenção do Suicídio, 2019. Disponível em: https://bit.ly/3ywz1mO. Acesso em: 11 out. 2022.

SER uma "mãe chata" faz filhos crescerem mais bem-sucedidos, diz estudo. *Portal Raízes*, Goiânia, 7 jun. 2018. Psicologia e Comportamento. Disponível em: https://bit.ly/3rE0z5K. Acesso em: 19 ago. 2021.

SEUS *NUDES* vazaram? Ou estão ameaçando fazer isso?. *SaferNet Brasil*, Salvador, 2021. Disponível em: https://bit.ly/3fD5yAW. Acesso em: 3 out. 2021.

"SHARENTING": por que a exposição dos filhos nas redes sociais não é necessariamente algo ruim. *G1*, Rio de Janeiro, 13 jan. 2020. Disponível em: http://glo.bo/3T0A85V. Acesso em: 3 out. 2021.

SHARING nudes and semi-nudes. *National Society for The Prevention of Cruelty to Children* (NSPCC), London, 2021. Disponível em: https://bit.ly/3T3Vdg3. Acesso em: 13 set. 2021.

SIEGEL, D. J. *Cérebro adolescente: o grande potencial, a coragem e a criatividade da mente dos 12 aos 24 anos.* São Paulo: nVersos, 2016.

SIEGEL, D. J.; BRYSON, T. P. *O cérebro da criança: 12 estratégias revolucionárias para nutrir a mente em desenvolvimento do seu filho e ajudar sua família a prosperar.* São Paulo: nVersos, 2015.

SIOUX GROUP; BLEND NEWS RESEARCH; GO GAMERS; ESPM. *Pesquisa Game Brasil 2021.* 8. ed. São Paulo: Go Gamers, 2021.

SOLER, J. Linchamentos virtuais. *El País Brasil*, São Paulo, 29 mar. 2015. Disponível em: https://bit.ly/3ylmFhc. Acesso em: 3 out. 2021.

SOMOS todos adolescentes. *Época Negócios*, São Paulo, jun. 2011. Disponível em: http://glo.bo/3Ejq7Nf. Acesso em: 3 out. 2021.

SOUZA, G. T. O. Videogame possui diferentes aplicações terapêuticas. In: FORTIM, I. (Org.). *Conectados: pequenas reflexões sobre a tecnologia no cotidiano.* São Paulo: Homo Ludens, 2020a. p. 157-165.

SOUZA, N. de. Maternidade e home office: os desafios e alegrias dessa dinâmica. *SEBRAE respostas*, set. 7, 2020b. Disponível em: https://bit.ly/3UJkiyx. Acesso em: 29 set. 2022.

STEINBERG, S. Sharenting: Children's Privacy in the Age of Social Media. *Emory Law Journal*, v. 66, n. 839, Mar. 8, 2016. University of Florida Levin College of Law Research Paper n. 16-41. Disponível em: https://bit.ly/3egkZio. Acesso em: 3 out. 2021.

STOILOVA, M. *et al. Children's Data and Privacy Online: Growing Up in a Digital Age. An Evidence Review.* London: London School of Economics and Political Science, 2019. Disponível em: https://bit.ly/3SKproy. Acesso em: 13 set. 2021.

SYMANTEC CORPORATION. *Internet Security Threat Report.* Mountain View, 2019. v. 24. Disponível em: https://bit.ly/3yifqGH. Acesso em: 3 out. 2021.

TEIXEIRA, A. C. B.; RETTORE, A. C. C. *Relatório de boas práticas: proteção de dados de crianças e adolescentes – O cenário brasileiro e experiências internacionais*. Rio de Janeiro: Instituto de Tecnologia e Sociedade do Rio de Janeiro, 2021. Disponível em: https://bit.ly/3CeYan3. Acesso em: 3 out. 2021.

TESCHKE, J. 1938: Pânico após transmissão de "Guerra dos mundos". *Deutsche Welle*, Bonn; Berlim, 30 out. 2020. Disponível em: https://bit.ly/3yjF7qI. Acesso em: 3 out. 2021.

THE 2020 Cybersecurity Stats You Need to Know. *Fintech News*, Valencia, 16 fev. 2020. Disponível em: https://bit.ly/3T70iUV. Acesso em: 3 out. 2021.

THE MEDIA Literacy Index 2019: Just think about it. *Open Society Institute Sofia*, 29 nov. 2019. Disponível em: https://bit.ly/3rBmQS0. Acesso em: 13 set. 2021.

TIRED & Stressed, but Satisfied: Moms Juggle Kids, Career & Identity. *Barna Group*, maio 2014. Disponível em: https://bit.ly/3Sz5Yqy. Acesso em: 19 ago. 2021.

TOOL to Protect Children's Online Privacy: Tracking Instrument Nabs Apps that Violate Federal Law with 99% Accuracy. *ScienceDaily*, 23 jun. 2020. Disponível em: https://bit.ly/3CccJrz. Acesso em: 3 out. 2021.

TOOLS for Parents: Bullying Affects The Entire Family. *The Bully Project*, New York, 2021. Disponível em: https://bit.ly/3fQwFJ7. Acesso em: 3 out. 2021.

TOZZI, E.; GÓMEZ, N. Será que você está viciado no seu celular? *Você S/A*, São Paulo, 17 dez. 2018. Carreira. Disponível em: https://bit.ly/3RE6iDf. Acesso em: 3 out. 2021.

TÜRCKE, C. *Sociedade excitada: filosofia da sensação*. Campinas: Editora da Unicamp, 2010.

TURKLE, S. Connected, but Alone?. *TED*, 2012. Disponível em: https://bit.ly/3RGu41E. Acesso em: 3 out. 2021.

THE STATE of the World's Children 2017: Children in a Digital World. *UNICEF*, New York, 2017. Disponível em: https://uni.cf/3fODUkI. Acesso em: 3 out. 2021.

TIPS FOR Parents and Caregivers: Keeping Children Safe Online During The Covid-19 Pandemic. *UNICEF*, New York, 2020. Disponível em: https://uni.cf/3CeB4gn. Acesso em: 3 out. 2021.

TIPS FOR Safe Social Networking for Teens. *ConnectSafely*, Palo Alto, ago. 12, 2017. Disponível em: https://bit.ly/3STkDN4. Acesso em: 3 out. 2021.

VELASCO, I. H. "Geração digital": por que, pela 1ª vez, filhos têm QI inferior ao dos pais. *BBC News Brasil*, Londres, 30 out. 2020. Mundo. Disponível em: https://bbc.in/3MgImF8. Acesso em: 3 out. 2021.

VICENTINI, R. Filho de 16 anos da cantora de forró Walkyria Santos é encontrado morto. *UOL*, São Paulo, 3 ago. 2021. TV e Famosos. Disponível em: https://bit.ly/3fNe8x8. Acesso em: 3 out. 2021.

VICTOR, F. Notícias falsas existem desde o século 6, afirma historiador Robert Darnton. *Folha de S.Paulo*, São Paulo, 19 fev. 2017. Disponível em: https://bit.ly/3CEJ6Re. Acesso em: 3 out. 2021.

VIVO. [S.l.: s.n.], 2020. 1 vídeo (2min 4s). Publicado pelo canal Vivo. Disponível em: https://bit.ly/3sc6UpC. Acesso em: 20 out. 2022.

WALLIS, C. *Meeting Report: The Impacts of Media Multitasking on Children's Learning and Development*. New York: The Joan Ganz Cooney Center at Sesame Workshop, 2010. Disponível em: https://bit.ly/3CASm8S. Acesso em: 3 out. 2021.

WEBER, L. N. D. *et al*. Identificação de estilos parentais: o ponto de vista dos pais e dos filhos. *Psicologia: Reflexão e Crítica*, Porto Alegre, v. 17, n. 3, p. 323-331, 2004. Disponível em: https://bit.ly/3V81hWz. Acesso em: 3 out. 2021.

WERNECK, A. F.; KOBAYASHI, E. *Navegar com segurança: por uma infância conectada e livre de violência sexual*. São Paulo: Cenpec; WCF Brasil; Childhood Instituto, 2012. Disponível em: https://bit.ly/3SA0FaD. Acesso em: 3 out. 2021.

WHATSAPP admite envio massivo de mensagens de forma irregular nas eleições ganhas por Bolsonaro. *Diário de Notícias*, Lisboa, 8 out. 2019. Disponível em: https://bit.ly/3RQkpFS. Acesso em: 3 out. 2021.

WHATSAPP limita mensagens na Índia após notícias falsas levarem a linchamentos. *BBC News Brasil*, Londres, 20 jul. 2018. Disponível em: https://bbc.in/3SYtyxv. Acesso em: 3 out. 2021.

WINDER, D. Teenage Hackers Wanted: Could Your Kid Be the Next £20 Million Cybersecurity Superhero? *Forbes*, Jersey City, Oct. 3, 2019. Disponível em: https://bit.ly/3fQc6fN. Acesso em: 3 out. 2021.

WRIGHT, Molly. Como todas as crianças podem florescer aos cinco anos. *TED Talks*, 2021. Disponível em: https://bit.ly/3goJBpz. Acesso em: 20 out. 2022.

SOBRE A AUTORA

O amor de Alessandra Borelli pela educação começou no ensino médio, quando optou por fazer o magistério, dedicando o período que não estava na escola a um trabalho voluntário em um colégio do bairro onde morava. Ao terminar o magistério, entrou para a faculdade de Direito. Logo no início do segundo ano, conseguiu um estágio em uma das maiores instituições financeiras do país e lá ficou por quase 14 anos, atuando no jurídico preventivo. Após esse período, decidiu que havia chegado o momento de unir suas duas paixões: direito e educação.

Pós-graduada em Direito Bancário e Mercado de Valores Mobiliários, atualmente é advogada dedicada às áreas de Direito Digital e Proteção de Dados. Tem especialização em Tecnologias Educacionais pela Fundação Getulio Vargas, possui Executive Training in Digital Transformation pelo Massachusetts Institute of Technology (MIT), foi coordenadora de uma frente dedicada exclusivamente a crianças e adolescentes na Comissão de Direito Digital da Ordem dos Advogados do Brasil (OAB/SP). Além disso, atua como consultora familiar e escolar e realiza diversas palestras no Brasil e no exterior, tendo participado, em 2019, da Bett Show, do Learn IT, em Londres (Reino Unido), e do International Society for Technology in Education (ISTE), na Filadélfia (Estados Unidos).

Foi sócia e CEO da Nethics Educação Digital, cofundadora da Doctors Way, professora convidada dos cursos de Proteção de Dados e Direito Digital do Insper, da ESPM, da FAAP, da EBRADI e EPD, colunista do aplicativo infantil PlayKids e do Leiturinha, e é membro do ESSE Mundo Digital.

É autora do *Manual de boas práticas para uso seguro das redes sociais da OAB/SP* (em que também atuou como coordenadora); do *1ª Guia no Brasil de conformidade à proteção de dados de crianças e adolescentes* (2020), da Editora OPEE; do capítulo "Crianças e adolescentes *YouTubers*", que integra o livro *Temas relevantes do Direito Digital* (2020), da Editora IASP; e escreveu um dos capítulos do livro *Família e tecnologia*, do Observatório Nacional da Família (ONF), vinculado à Secretaria Nacional da Família, do Ministério da Mulher, da Família e dos Direitos Humanos (SNF/MMFDH), além de diversos artigos e cartilhas relacionados ao tema.

Foi coautora dos livros *Educação digital* (2015), *Comentários ao GDPR: regulamento geral de proteção de dados da UE* (2018), *Lei Geral de Proteção de Dados Comentada, Direito Digital: debates contemporâneos* (2019) e *Data Protection Officer: teoria e prática de acordo com a LGPD e o GDPR* (2020), todos da Editora RT; da primeira Coleção de Educação para Cidadania Digital do Brasil (Editora FTD/2016), com Leo Fraiman; e dos livros *O que as famílias precisam saber sobre* games*: um guia para cuidadores de crianças e adolescentes* (2020), organizado por Ivelise Fortim, e *Proteção de dados: desafios e soluções na adequação à LGPD* (2020), da Editora Forense, organizado por Renato Opice Blum.

Colaborou ainda nos manuais de orientação da Sociedade Brasileira de Pediatria (*Saúde de crianças e adolescentes na Era Digital*, 2016; *Menos telas, mais saúde*, 2019; *Dependência virtual: um problema crescente*, 2020; *Sem abusos, mais saúde*, 2021, *Drogas digitais/ riscos auditivos*, 2022) e no livro *Como lidar com a dependência tecnológica*: guia prático para pacientes, familiares e educadores* (2020), organizado por Cristiano Nabuco, Dora Góes e Igor Lins Lemos, e, publicado pela Editora Hogrefe.

Alessandra também é mãe de dois adolescentes, bem como ouvinte atenta do seu público, composto, especialmente, por pais, mães e professores, repletos de dúvidas e ávidos por informação, e por crianças e adolescentes, cheios de ideias incríveis e donos de uma inocência e curiosidade capazes de tornar possível o que hoje ainda é ficção. ■

Este livro foi composto com tipografia Adobe Garamond Pro
e impresso em papel Off-White 80g/m² na Gráfica Santa Marta.